二魚文化

2015
飲食文選

Best Taiwanese Food Writing 2015

焦桐、洪珊慧——主編

題字／李蕭錕

目錄 Contents

2015 飲食文選 *Best Taiwanese Food Writing 2015*

回味

目錄 2015飲食文選
Contents *Best Taiwanese Food Writing 2015*

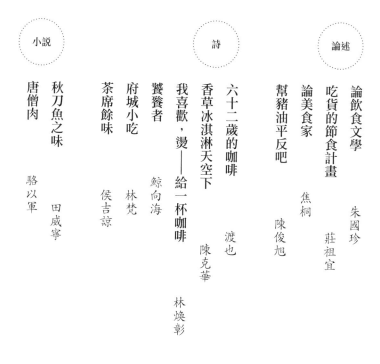

編選序

品嘗人生百態的滋味

洪珊慧

飲食是日常情事，飲食文學著眼於以食物書寫記憶裡的味道、親情的滋味、生活中的情感交流、個人飲食經驗與審美感受、以及各種飲食／食物的源起與文化遞變的論述。不同於一般單純介紹美食的文字，飲食文學透過書寫飲食／食物，更加深刻地訴說情感、時間與食物之間的故事。在味蕾與記憶的跳動之間，透過文字將飲食的美好、過往的記憶以及歷史典故，記錄下來。

年度飲食文選自二〇〇七年開始，精選在臺灣發表的飲食書寫作品，至今已有八本選集。展望臺灣的飲食書寫，益發繁花盛放，蓬勃發展。因此，今年的飲食文選希望能包含多元題材，擴大飲食書寫的範疇與版圖。選集中，歸於同類主題的文章，依照先後發表時間排列。其中，或有同一主題不同作者分述的情形，是刻意以此作為兩兩對照，反映不同的人品嘗同一食物之後產生的不同感受與思考的微妙差異。一種飲食，百般滋味。

食物有時是想念的媒介／傳遞，透過吃喝／飲食的過程，我們咀嚼著過往美好或傷悲的記憶。黃錦樹的〈鹹飫〉，從馬來西亞膠園裡的母親和祖母常煮食的鹹飫，追溯年少的記憶和先祖的流離身世，黃錦樹堅持文字採用「鹹飫」（讀音Kiâm pn̄g），替代在廈門、泉州餐館菜單上常見到的「咸飯」二字，其中存在著（現時）書寫形式與（記憶）食物原味的辯證。王定國〈秋夜煮粥〉寫妻生病照料的過程，末段書寫飲食的文字深情動人，彷彿為夫妻之間的情感注入一股獨有的專注，兩人的情感，如同煮粥的過程，需要細心與時間的看顧。此段文字可視為飲食書寫的典範。

告別世紀末不過十數載，回顧臺灣頻頻發生重大的食品安全事件，不免讓人心驚。例如二○○四年爆發重組牛肉事件、二○○五年毒鴨蛋事件、二○○六年石斑魚驗出致癌物質孔雀石綠、二○○七年鱒魚養殖場使用「氯黴素」禁藥、二○○八年三聚氰胺毒奶粉事件、二○○九年戴奧辛毒鴨、二○一○年豆類製品含超標防腐劑苯甲酸、以及二○一一年塑化劑汙染食品。到了二○一三年後，層出不窮的順丁烯二酸毒澱粉、香精麵包、劣質米混充優質米、大統油品混油、添加「銅葉綠素」事件、以及頂新集團使用強冠餿水油等。在二○一五年一年內，竟發生了近三十件的食安事件，例如豆腐乳驗出工業染劑二甲基黃，胡椒粉、胡椒鹽、辣椒粉等摻入工業用碳酸鎂，豆芽菜浸泡工業用漂白劑，潤餅皮添加工業漂白劑「吊白塊」，茶飲連鎖店的茶葉農藥超標……等等，食安風暴引發了全民不安，美食寶島蒙上陰影，我們不禁自問，臺灣究竟怎麼了?鄭培凱〈毒不死〉抨擊接二連三的食安風暴，自嘲「聽專家的，也許毒不死」。吳晟〈溪州尚水米——水田濕地復育計畫〉，敍述溪州農鄉的「水田濕地復育計畫」，溪州尚水農產公司推動友善土地的生活價值觀，人們從自己耕種的土地開始，拒絕化肥與農藥，推動合乎自然倫理的飲食選擇。

此次飲食文選同時收錄韓良露、韓良憶姊妹的文章，但卻是絕響了。〈清心苦味〉是生命頓悟的味道，也使人想起韓良露溫暖的人和笑；〈召喚秋天〉裡，韓良憶以秋食召喚秋天，以養生飲膳分饗讀者。

今年的飲食文選新增「論述」一類，收錄四篇文章。朱國珍談論她為何創作飲食文學。陳俊旭醫師揭露過往美國研究操弄實驗報告，誤導消費者對飽和脂肪食用量與心腦血管疾病關聯的認知，提出健康食用豬油的注意事項。身為廚師和飲食作家的莊祖宜難免多吃，她擬出自創的節食法，傾聽身體真正想要品嘗的食物，不特意節食，也不暴飲暴食，而是舒服至上的節食原則。布里亞．薩瓦蘭（Jean Anthelme Brillat-Savarin）曾說，有些人天生就缺少精細的器官感知與高度的集中力，這些是當不了美食家的人。焦桐〈論美食家〉一文，提及美食家並非資訊提供者，也不是大胃王，更非誇耀吃過昂貴食品或怪東西者，真正的美食家應具有敏銳的心靈，和深厚的人文涵養，如蘇東坡、陸游、李漁、袁枚、朱彝尊……等人。繼《暴食江湖》二十篇散文篇名皆以「論」開頭，〈論美食家〉為臺灣飲食論述，再添精彩一章。

自二〇一四年，飲食文選新增加詩、小說項目，試圖擴展讀者對於飲食文學關注的向度。

今年選文中，飲食詩部分，渡也和林煥彰同以咖啡借題發揮，而侯吉諒〈茶席餘味〉以茶借喻。鯨向海〈饕餮者〉以各式食物戲耍人生，陳克華〈香草冰淇淋天空下〉以食物穿引情慾。林梵〈府城小吃〉直說「味道是頑強的記憶」，我十分同意，想起就讀清大研究所時，修習林瑞明教授（林梵）的課，開啟我對臺灣文學史的認識，期末林老師帶領同學進行田野調查與文學地景考察，途經臺南，臨時打電話邀約呂興昌教授出來，帶著我們在臺南市區的大街小巷穿梭，領略古都多采多姿的文化與小吃，有幸同享了在地臺南人的祕密美食地圖。

飲食小說方面，田威寧〈秋刀魚之味〉書寫「我」十三歲那年因故輟學，跟著父親和姊姊賣小吃的往事，對面海產店廚師的妻子常常招待姊妹吃烤秋刀魚，秋刀魚魚腸略帶苦味，廚師妻子告訴她，那是「大人的味道」。事隔廿多年，當「我」再次嚐到秋刀魚時，人生的苦澀早已嚐遍。小津安二郎執導的最後一部電影作品正是《秋刀魚之味》，導演遭逢母親去世時在日記中寫下：「山谷中春天已至，櫻桃花開如雲；但是這裏，凝滯的目光，秋刀魚的滋味——花兒也憂鬱，清酒的味道也變得苦澀」。人生的滋味，似乎總是帶著苦澀。《西遊記》妖怪爭吃唐僧肉，駱以軍的〈唐僧肉〉則另有一番演繹，文中以豬八戒自述，有次師徒被困多日挨餓，師父慈悲割下股肉煮成肉湯讓徒兒分食，豬八戒成了世界真正吃過唐僧肉的人，從此這隻「豬」八戒想像著各種關於「唐僧肉」的料理方式，「我腦海裡出現各式各樣的蒸屜，砂鍋，烤肉架，甚至醃肉用的陶甕……，粉蒸的，窯烤的，五分熟只煎上下兩面，或做成火腿或風硝肉？還是用嫩筍煨爛它，或就最民間用滷的？」亦是妙不可言。

感謝這些作家，為臺灣文學留下了生活記憶的點點滴滴以及深刻動人的飲食風景，讓我們藉以品嘗人生百態的萬種滋味。

故事

咖哩飄香臺灣

陳柔縉

臺灣大學法律系司法組畢業，曾任記者，現為知名專欄作家，專事歷史寫作。

主要著作有《總統的親戚》（1999）、《台灣西方文明初體驗》（2005，榮獲聯合報非文學類十大好書、新聞局最佳人文圖書金鼎獎）、《宮前町九十番地》（2006，榮獲中國時報開卷中文創作類十大好書）、《人人身上都是一個時代》（2009，獲頒新聞局非文學類圖書金鼎獎）、《台灣幸福百事：你想不到的第一次》（2011）、《舊日時光》（2012）、《榮町少年走天下：羅福全回憶錄》（2013）、《廣告表示：________。》（2015）等。

咖哩飯是現代日本的「國民食」，但咖哩何時、何人傳入已經無法準確查考，只知約略是十九世紀後半的明治初期由英國商人傳入橫濱。

臺灣也一樣，難有精確證據。但是，比日本明治時代還早的一八六五年，英國人必麒麟（W.A. Pickering）被派任臺南安平海關的主管，後來他追憶日常在海關的食物，有硬梆梆的水牛肉、瘦巴巴的家禽肉，還有「田雞咖哩」。

一八九五年，進入日治後，咖哩便以矯健的身手擠進臺灣的時髦飲食圈。一九〇九年，臺北知名的西洋料理店「玉山亭」在報上刊登啟事，為慶祝遷移及創業十週年，推出特餐咖哩飯，一份二十五錢，價格不算高。

同樣是一九〇九年，高等女學校（今北一女）剛創立五年，建了兩層樓的木造宿舍，這時住了三十九位年輕女學生，由兩位舍監照顧看管。每五人用十張榻榻米的房間。三餐要自己煮，每室每天一人掌廚。報紙記者找出她們二月六日到十二日的一週菜單，九日星期二的中午，就吃咖哩飯。

接下來的一〇、二〇年代，臺灣人開的酒樓菜單也看得見咖哩。艋舺頂新街（今西昌街）的「平樂遊」一直是日治初期艋舺的最大中餐廳，生意興隆，曾經紅到遭人覬覦；平樂遊的店面是租來的，有人就向房東出高價，取而代之，然後在原地照樣開餐廳，招牌還掛「平樂園」，以一字之差，企圖魚目混珠，結果，只得到訕笑，而平樂遊依然是平樂遊。

穩居艋舺第一的平樂遊，一九一五年在雜誌登廣告，列了七道招牌菜，八寶蟳盒、蔥燒拉雞、雪白素雞、燒雞丸、八寶菜、五柳居魚，最後一道就是咖哩料理「加里炒雞」。

大稻埕的「江山樓」比平樂遊晚生，但名氣更盛。一九二七年，老闆吳江山在報紙食譜大公開，其中，也有一道「加里小雞」。馬鈴薯先切塊炸過備用，以豬油炒蔥、辣椒和麵粉，再撒入咖哩粉，炒到咖哩香味四溢，加入雞肉和馬鈴薯，最後加高湯、醬油，小火煮三十分鐘，江山樓的咖哩雞就完成了。

咖哩粉顯然早已是臺灣普遍的調味料，而戰前的報紙確實也可見多種品牌的廣告。日本最早的國產咖哩粉品牌「蜂咖哩」於一九〇五年問世，三〇年代，她的標誌蜜蜂已在臺灣的報紙飛來飛去。

現在知名的日式咖哩「佛蒙特」，日本時代也銷到臺灣。只是當時還沒有咖哩塊，也還沒有佛蒙特之名。

佛蒙特咖哩由日本好侍（House，ホウス食品株式會社）生產，這家公司一九一三年創立時只販賣製藥原料，二〇年代初期受託為顧客代工製造咖哩粉，才機緣踏入咖哩的世界。一九二六年秋天發賣粉末狀即席咖哩，客人買回家，自己就可以簡單做出咖哩飯。三〇年代初，臺灣就可見好侍的廣告，標榜做出一盤咖哩飯「只要兩錢」。

這麼多咖哩品牌如魚游進臺灣，自有那麼大的市場湖海。一九三〇年的臺北市沅陵街，當時大家稱之為「都通」，從博愛路路口望進去，「キッチン」（廚房）食堂的招牌寫得好清楚，親子丼三十錢，日式豬排飯也是三十錢，自家特調的「廚房咖哩」則賣二十錢。

沅陵街、博愛路口斜對角的國泰世華銀行舊址，戰前矗立著臺北最大的百貨公司「菊元」，一九三二年開幕，五樓上有餐廳；因為場所高級，那裡的咖哩飯最是讓老臺北人一邊抬著下巴一邊回味了。

原載於《中國時報》人間副刊，二〇一五年二月十日

後收入《廣告表示：——。老牌子．時髦貨．推銷術，從日本時代廣告看見台灣的摩登生活》，臺北：麥田出版，二〇一五

京都三碗茶

謝其濬

政大新聞系畢業，英國史特靈大學出版碩士、英國曼徹斯特都會大學視覺傳播碩士，現為媒體工作者，著有《品京都》。

我在京都，喝茶。

正坐於四疊半的茶室中，雙手恭敬置於膝上，靜靜等待主人點茶。

只見主人神閒氣定擦拭茶具，以柄杓取出釜中的熱水，倒入裝有抹茶的碗中，再用茶筅刷茶，完成後，將茶碗置於我的面前。

我捧起茶碗，端視著碗上的花紋，再緩緩轉動茶碗，將茶送入口中，再欣賞過一次茶碗，才將茶碗放下。

極簡的空間設計、儀式般的動作、主客之間的意念交流，所謂的茶湯文化，與其說是喝茶，不如說是一種美學修行了。

日本戰國時代以降，曾有那麼多「茶人」，投入了這樣的美學修行——今井宗久、荒木道薰、千利休、山上宗二、織田有樂、古田織部、金森宗和、小堀遠州……，甚至犧牲生命，也在所不辭。

離開茶室，一抹茶香仍縈繞不去，那是隱藏在歷史角落中，茶人們不為人知的心思流轉。

千利休的茶

順利平定九州的豐臣秀吉，為了彰顯自己的權勢，在京都的北野天滿宮，舉行了前所未聞的盛大茶會。

秀吉事先貼出公告，凡是對茶湯有興趣，不論身分、背景，也不必準備特別的茶道具，皆可參加本次茶會。活動預定舉行十天，因故只進行了第一天，不過，當天就湧入了上千名參加者，甚至有人遠從大阪、奈良前來共赴盛會。

在北野天滿宮的拜殿，秀吉展示了他引以為傲的黃金茶屋，所有茶道具無不是黃金打造。拜殿周遭，設立了四座茶席，分別由知名茶人千利休、津田宗及、今井宗久，以及秀吉自己，為客人點茶。

望著一身華衣錦服、志得意滿的秀吉，利休看似面無表情，內心卻藏著一抹輕蔑：「真是個粗野的傢伙……」

偶然間，對方的目光也飄向了利休，雖是帶著笑意，千利休卻敏感地意識到，秀吉看他的眼神，跟過去已經不太一樣。

利休知道，他和秀吉的決裂，將是遲早的事情了。

他出身商界，向武野紹鷗學茶，承繼了「侘茶」傳統，將之發揚光大，織田信長重用他為「茶頭」，負責主持各種茶會活動。繼起的豐臣秀吉依然重用他，把他捧成了天下第一的茶人，在政治運作中，扮演穿針引線的角色。

秀吉是利休的權力來源，但是兩人關係愈深，因本質的歧異所產生的裂痕也愈來愈大。在利休眼中，秀吉不過就是掌握大權的猴子，一點美學品味皆無，打造了黃金茶室，使用奢華的茶道具，讓主張素樸之美的他感到俗不可耐。

是要向權力者低頭，或是堅持自己的美學理念，千利休選擇了後者。他對秀吉的厭惡，漸漸也不再多加掩飾。

兩人之間暗潮洶湧。在某個晨間茶會上，作為主人秀吉為了表現風雅，特意在茶具和茶碗之間，放入一枝野菊，利休進入茶室後，不但沒有好評，還若無其事地將菊花移開，秀吉臉色鐵青，利休也視若無睹，讓同席的人倒抽了一口冷氣。

「居然這麼不給我面子……」秀吉憤憤地想著，他對千利休的賞識，也轉變為憎恨，最後演變成殺意。

北野大茶會的四年後，一個雨天，在豐臣秀吉的命令下，七十歲的千利休切腹結束了生命。

行刑之前，他為自己沏了最後一碗茶。那是一碗殉美之茶。

古田織部的茶

收到師父千利休的死訊，古田織部在悲痛之餘，卻也隱約感受到某種解脫。他自問：「為什麼會有這種感覺呢？」

他是武將出身，原本只是把茶湯當成消遣，因為參加了千利休的茶會，完全改變了他對茶湯的態度。

地點是大阪城內豐臣秀吉的茶室，從早上開始，為期一天的茶會活動。出席的知名茶人不少，果然還是千利休最具大師風範，舉止洗練到了極致，讓織部臣服：「這世間，居然有如此深奧的世界……」沒多久，他就入千利休門下學茶。

利休很賞識這名弟子，曾經有人問他，誰是下一個茶湯的宗師，利休回答：「古田織部。」

織部像個口渴的人，不斷地從利休身上汲取「侘茶」的精髓，然而，他在潛心學習之後，也漸漸有了自己的想法。只是，在織部眼中，利休彷彿無法跨越的高山，他所建構的茶湯世界，有著牢不可破的規則，即使身為高徒的織部，也不敢輕易僭越。

不知從何時開始，師父的存在，開始讓織部感受到某種壓迫感。這也是為什麼，利休的死，讓他覺得身上的枷鎖消失了，在茶湯的世界中，他可以大膽施展身手了。

此時，豐臣秀吉也派下了任務：「利休的茶是町眾的茶，總覺得有點陰冷，你來發展我們自己的茶，如何？」

權力者的意志難違，自己的師父就是前車之鑑，古田織部當然不敢不從。那天晚上，他獨自坐在茶室中，燒水沏茶，思索著該如何展開改革的第一步。他輕撫著掌中的茶碗，想法已經逐漸清晰。

古田織部的茶，是快意之茶。

相較於利休狹窄、薄暗的茶室，織部打造出華美、明亮的茶湯空間；利休好用黑色、造型簡單的茶碗，織部則改用變形、歪斜的茶碗，並在素色的碗面上繪上色彩和紋樣；至於搭配茶湯的懷石料理，利休秉持一汁三菜的原則，餐後使用的菓子，以栗、梨、石榴等菓物為主，織部除了增加料理的品項，在視覺上更顯豐富多彩，餐後則提供帶餡的生菓子。

如果說，利休的茶是壓抑、是減法，織部的茶是豪爽，是加法，更符合他的武將本色，利休曾擁有的「天下第一茶人」的名號，如今輪到他坐享這份風光。

從此，利休不再是座無法跨越的高山。

織部開創了和師父截然不同的茶湯，他最終的命運，卻和利休同出一轍。

消滅豐臣家族的德川家康，以織部的部下木村宗喜圖謀造反為由，要求織部切腹。織部是否參與造反，並無明確證據，然而，他對於德川政權，原本就非唯命是從，而且又靠著茶湯，遊走在朝廷、貴族、寺廟、大名之間，早已是德川家康欲除之而後快的對象。

那一年，織部七十三歲，對於謀反的罪名，並不多做辯解，淡然赴死。或許，他早就知道會跟師父同一宿命：在亂世中要堅持自我，必然要付出代價。

小堀遠州的茶

古田織部死後，他所留下的一件綠釉茶碗，輾轉來到弟子小堀遠州的手上。望著師父的遺物，一股寒意從體內升起。

不管是利休，或是織部，最後都是死於非命。茶人的命運，為何如此多舛？當下，他只有一個念頭，就是不要步上兩位師匠的命運。

小堀遠州的父親小堀正次，曾經在豐臣秀長（豐臣秀吉之弟）麾下，參與了不少城池建設的工程，遠州從小也在秀長身邊服侍，因此有機會認識了與秀長關係友好的千利休。

那一年，他十歲，親眼目睹利休為秀長教茶的風采，留下了深刻的印象：「原來，這就是天下第一的茶人……」

秀長死後，正次轉為秀吉的臣下，遠州跟著父親來到伏見，便在古田織部門下學茶。年紀輕輕的他，便展現了不凡的才華。

因為家學淵源，小堀遠州除了審美的感性，也有庭園設計的本領。茶庭中洗手鉢的排水口，原本只具備單純的排水功能，經他巧手，改造為「洞水門」，水流滴落時，會傳出優美聲響，讓織部也深感佩服。

織部死後，他接棒成為茶湯世界的領導者。小堀遠州的茶，是綺麗之茶。他的茶，帶進平安王朝的風雅，茶室從「侘茶」的草庵風，變得更為寬敞、明亮，牆上所掛，不再獨尊墨寶，也出現狩野派的畫作。利休鍾愛黑色，遠州則偏好白色，在茶會上使用白磁茶碗和餐具；利休的茶庭崇尚自然風情，遠州則堆石造景，精心營造空間中的韻律感。

利休曾說，降雪之日，茶室內可以不必插花，在庭園賞雪即可；遠州則認為，如此未免太過冷清，以一朵紅梅裝飾茶室，才不失待客之道。兩人美學的差異，可見一斑。

遠州才華洋溢，茶湯之外，也精通建築、造庭，委託他的工程案不少。另一方面，德川幕府也需要他透過風雅的茶會，合縱連橫，鞏固在朝廷中的勢力。眼見利休、織部皆因「反骨」而喪命，為了避免步入後塵，他選擇了「服從」的哲學，只要幕府交辦的任務，他絕對使命必達。

即使，他知道自己的茶，只是權力者的工具而已。

如此柔軟身段，讓他在政治舞臺上全身而退。只是，晚年時，遠州獨坐茶室，想到兩位師匠轟轟烈烈的死，以及他棋子般的茶人生涯，內心湧起莫名的空虛感，這樣的人生，真的是他要的嗎？一時之間，他也沒有答案。

原載於《中國時報》人間副刊，二〇一五年七月八日

旅食朴子

王浩一

臺南城市作家、文史工作者、生活考古學者、輕歷史論述者。臺南市政府珍貴老樹保護委員、文化創意產業發展諮詢委員。三少四壯集、《美印台南》專欄作家。
高雄醫學大學講師。公視「浩克慢遊」文化旅遊節目主持人。
著有：《慢食府城》（心靈工坊出版），時報開卷2007年度好書美好生活獎。《當老樹在說話：那一年，他們在台南種下的樹》（有鹿出版），2014．3月出版。《著時：南方．美時．美食》（有鹿出版），2015．1月出版。《小吃研究所：帶著筷子來府城上課》（有鹿出版），2015．10月出版。《慢食大學：帶著筷子去小鎮旅行》（有鹿出版），預定2016．10月出版。

朴子位於嘉義縣西部，一個因媽祖廟而興起的鄉鎮，光復後稱朴子鎮。舊名「猴樹港街」。乾隆年間《續修台灣府志》記載：「樸仔腳街，舊為猴樹港街，今更名。」改名的源由是康熙年間，猴樹港街有數間農舍及數株樸仔樹。樸仔樹蒼翠成蔭，樹下成為旅途者或居民所休息乘涼好地方，後來逐漸成了市集。

朴子的地方大廟「配天宮」，座落於開元路與光復路交叉口，坐北朝南。一六八二年，鄉人從湄洲祖廟恭請分靈媽祖（現開基媽）打算回家供奉，當行經牛稠溪（今朴子溪）畔時，於一株百年樸樹（朴樹）下休息，欲啟程時發現媽祖重如泰山，經請示媽祖後媽祖表示欲永駐此地，於是鄉人在此建廟，稱之「樸樹宮」（乾隆年間奉聖令改為「配天宮」），因此猴樹港地名便改稱「樸仔腳」，同時人口聚集定居，發展快速。樸樹（朴樹）是臺灣原生種，樹冠闊大，枝條生長彎曲，變化多端，枝幹強韌，可作阻擋強風。生命力頑強，樹齡有紀錄可達八百歲。不知朴子有無選它當是「市樹」？當是城市的圖騰與記憶。

「阿胖冷飲」的菜燕冰，是朴子的隱藏版美食，可能是全臺獨一無二的冰品形態。在臺南舊城的街頭或是傳統市場，仍有人賣著「菜燕切塊」，以菱形呈現，不會很甜，可以直接就口，咬下有爽脆彈牙的感覺，冬瓜口味、黑糖口味是主流，這是夏天午後的傳統涼品點心，沁涼爽滑。然而此菜燕小食卻源於日治時期。

所謂「菜燕」，有人稱之石花凍或洋菜凍，呈膠塊狀，加糖則成了甜品，與愛玉形狀類似，口感也相近。我的經驗：小時候家母會製作菜燕給我們解饞，先把洋菜條泡水泡軟，再跟砂糖水一起煮到都完全融化，倒進模型放涼後，再進冰箱冷藏等待凝結，即能享用。菜燕「在嘴裡跳動，脆度讓人很難忘」，有特殊的懷舊風味。

菜燕，是從海藻類植物中提取的膠質。一六八五年，由日本美濃屋的太郎左衛門提取出來，可作為魚膠的代用品，常被用於沙拉、大菜糕或果凍等甜品。洋菜是由紅褐藻類提煉而來，生洋菜是白色半透明的，現代人給它一個新「寒天」稱呼，感覺可以減肥。稱謂「寒天」，那是因為紅褐藻類多在冬天採收。

阿胖是老店，許多店裡的配料的製作，還遵循古法使用大灶、木炭來熬煮，所以得以保留傳統的好味道。除了有賣菜燕冰和冷飲外，也有賣整塊的菜燕和綠豆粉粿，一塊只要十元。綠豆粉粿有微微的綠豆香氣，頗為典雅。

獨家「菜燕冰」的基底，是白色晶瑩剔透的細小顆粒——沒有加砂糖的——菜燕。阿胖冷飲的菜燕冰共有五種口味，分別是花生、香檳和可可亞、桔汁、杏仁。最熱賣的就是花生、香檳和可可亞三種口味。大碗三十元，小碗二十元。花生口味的菜燕冰，是早年冰果室裡常喝到的花生牛奶那種花生醬泡水調開的味道。至於香檳口味的菜燕冰，則是許多人小時候吃學校外面賣的那攤手搖冰的香檳味，口味有點像可爾必思的微酸，加上淡淡的汽水香氣，不會膩口，非常復古。菜燕會浮在飲品上面，所以吸管插入時要提高懸空，大口吸，就可以喝到一顆一顆的菜燕，這是大快人心的復古冰品。

原載於《中國時報》人間新舞台，二〇一五年八月十六日

黃蝶翠谷的養蜂人

歐銀釧

歐銀釧，出生於澎湖。世新圖書資料科、東海大學中文系畢業。曾任皇冠雜誌編輯、聯合報系民生報資深記者。現任星洲媒體集團駐臺灣特派員、《少年天人菊寫作班》指導老師。在牆裡牆外教書，烹調「流動的天人菊」文學盛宴。

著有《城市傳奇》、《藏在澎湖的夢》、《生命的瓶中信》、《不老的菜園》、《記憶的島嶼》等書。1997 年創辦臺灣第一個監獄寫作班；曾獲《臺灣文學年鑑》選為「十大文學特寫人」之一；2001 年獲「五四文學獎」之「文學教育獎」。散文「澎湖太武村五號」收入臺灣第一套地誌文學選集《閱讀文學地景》散文卷。2012 年獲頒「最佳華文寶藏獎」。

貓狗迎來。近六十歲的紫地瓜笑了。

他喚著牠們的名字，狗兒搖著尾巴，貓兒喵喵叫。微風從樹林裡吹過來。

傍晚，我們抵達紫地瓜在深山的家。

黃昏穿過黃蝶翠谷。幽靜的小徑旁，紫地瓜搭建了屋子。他在這裡度過春夏秋冬。屋前，臨樹傍河，一個長木板就是他在天空下的餐桌。

紫地瓜取了杯子，端來六杯飲品，請我們喝蜂蜜。「這是紅柴蜜、這是荔枝蜜，這是龍眼蜜……。」

深居山中的養蜂人

夕陽照映著山谷。我們喝起蜂蜜，香氣怡人，甘甜滿心。入口的甜不是一般的甜，是一種說不出的味道，不膩，回甘。趕了許久的路，一身塵埃似乎在蜂蜜中落去。那甜味安頓身心，似曾相識，卻記不得在哪裡喝過。

六年不見，紫地瓜髮際有些白髮，眼神依然清澈。他的卡車上有泥巴，衣間有落葉。紫地瓜是他的筆名。許多年前，他為自己取的新名字，一個新的開始。

彼時，紫地瓜離開北部的城市，回到南方。先在高雄的旗山種橘子，後來搬到美濃深山，種火龍果、香蕉、秋葵。每有新作物，他總不忘分享，每次都寄來一大盒，從那些果子裡，似乎可以感受到山中歲月。他說，他住在藍天白雲、花樹繽紛之間，不想過去，不念未來，只是天天迎接晨昏日夕，忙著農事。

深山阻隔，那是手機電話到不了的地方，偶爾他下山，才會收到我致謝的簡訊。我們一年難得通數次電話或簡訊。山中無甲子，紫地瓜簡樸生活。前些年，他開始成為養蜂人，約了我們來看他的山居。

時間一延再延，去年年底終於成行。紫地瓜開車到高雄接我們。車入美濃，經過街道，再往山裡走，只記得車在林間繞來繞去，好一陣子，終於來到他的居所。

他的屋子大門有美濃好友書寫的對聯：「氣清更覺山川近，心遠從知宇宙寬」，橫幅是：萬物靜觀皆自得。紅紙黑字，襯得山中小屋有股怡然氣息。

落日餘暉照在樹葉上，閃著金光。我們喝蜂蜜、談天。一隻貓跳上來，坐在紫地瓜的身旁。他撫著貓，輕喚著牠的名。貓兒閉上眼，依偎著他。

很多年了，紫地瓜和十多隻貓狗相伴，每天日出而作，日落而息，偶見野豬、猴子、松鼠……。有時下山補充生活用品，寄送農作物。

享受蜂蜜同時致敬

走過人生的困頓，紫地瓜於十多年前離開喧囂。深山時光，他和蜜蜂一起生活，歲月悠悠，花開花落。他觀察蜜蜂群體，觀察蜂后、雄蜂和工蜂。他敬佩工蜂，「牠們忙個不停，白天採蜜、晚上釀蜜。牠們振翅飛行，那是大自然裡最美的身影。」

「工蜂勤勞、守分，一生默默貢獻，一看見蜂巢裡沒有蜜，就會忙著飛出去採蜜，也為果樹完成授粉任務。我怕牠們太累，大都是讓牠們忙三天，休息七天」。他珍惜蜜蜂，有如愛惜家人。

「工蜂只有六十天生命。採蜜之後僅有四十到五十天生命。一公斤的蜜，蜜蜂要飛十五萬里，等於繞行地球的三點七週……。」他說著蜜蜂採蜜的辛苦。「享受蜂蜜的甜美時，我總是向這古老生物致敬。」

遠方朋友懂蜂蜜，對紫地瓜的蜂蜜讚不絕口。品飲蜂蜜時，不禁想到吳承恩所著的《西遊記》記述，孫悟空搖身一變為蜜蜂，真的是「穿花度柳飛如箭，黏絮尋香似落星。小小微軀能負重，囂囂薄翅會乘風。」

唐朝詩人羅隱的詩〈蜂〉曾感懷：「不論平地與山尖，無限風光盡被占。採得百花成蜜後，為誰辛苦為誰甜？」

微風拂過，有不知名的蟲聲傳來。

「螽斯，這是螽斯的聲音」。紫地瓜熟知大自然。

隔了一年，彼時在山中聽到的螽斯聲音，似乎還環繞著耳邊。今年，忽接紫地瓜電話，說要到臺北，希望能相聚，喝杯咖啡。那日，我們約在臺北大安捷運站附近的咖啡館相見。

這是在課堂之外，我們第一次坐下來喝咖啡。

他說起養蜂的生活，說他試著以山中的蜂蜜調配屏東里港的檸檬、麟洛的香檬，或是臺東的洛神花……，水果蜂蜜，另有風味。談到臺灣各地的農作物，他如數家珍。接著，他還說起和友人帶蜜蜂到南投的集集採蜜。

那是我完全陌生的生活，我筆記著他說起蜜蜂的種種。這次輪到我當學生。

其間，他接了一個電話。電話那頭有人問他「紅柴蜜」是採自什麼樣的花？他細細的對著電話解說：「紅柴，開白色小花……」。那一瞬間，忽然覺得他像是蜜蜂。

被工蜂的奉獻感動

紫地瓜說起蜜蜂生命最後的日子：「蜜蜂很辛苦，不停的工作，牠們在採蜜後期全身絨毛都掉光了，最後振翅，飛到空中，天葬……。」

那日，我們雖在城裡的咖啡館，卻彷彿置身山中的蜂巢，周圍的人都是蜜蜂……。他是蜜蜂，我也是蜜蜂。

難得到城市，他感受到都市急速的生活步調，好奇那麼多人在午後喝咖啡。我略談起咖啡的歷史。許多年前，我曾以兩堂課提到咖啡與文學。他笑著說，他漏掉這兩堂課。

這次補上課？

他又回到山裡。不久，我接到他從美濃寄來的蜂蜜，打開玻璃瓶，取了蜂蜜調水，喝了一口，那似曾相識的花香和甜味帶我回到深山，回到黃蝶翠谷，回到那日的相聚。忽然想通了，這甘甜是愛的甜，紫地瓜珍愛著他的蜜蜂。

「怕蜜蜂太累。」耳邊再度響起他說的這句話。蜜蜂是他在山中最親近的「家人」，他細心的對待他們，心中有著悲憫。

「蜂是有情緒和感情的。我當牠們是自己的孩子。」每每想起紫地瓜那日說的話語。他被工蜂的認真、默默奉獻感動，「取蜜時，不宜貪多而使蜂群恐慌。」

他用愛養蜂，一切從愛開始，重新開始自己的另一個人生。

紫地瓜繼續著山中歲月，他為遠方朋友種了一株會開藍色花朵的樹。樹還很小，可能要多年才會長大開花。我們約著，花開時再到山裡。

原載於《中國時報》人間副刊，二〇一五年十月十二日

捨命吃河豚

林嘉翔

出生在臺北，畢業於臺大。曾任職日本國際餐飲休閒集團高階主管，並在大學針對業者傳授餐飲經營管理課程，指導過的餐飲、烘焙、民宿業者超過五百家。經常受邀至各縣市觀光、產業、文化單位及扶輪社等民間社團授課演講。在日本舉辦過多次畫展，作品由日本KANUMA GROUP印製成月曆〈風之女〉、〈風之子〉。

現為日本四季國際餐飲休閒集團董事顧問。代表著作有：《行樂日本》、《食樂日本》、《日本鄉土料理》、《日本夢幻火車便當》、《走看日本名物》、《戀物日本》、《古典的容顏日本》、《魅惑巴里島》、《行家這樣開餐廳》等書。

河豚超可愛的，無鱗的身子既肥又短，游泳時背鰭和尾鰭朝相同方向擺動，無辜的圓睛搭配魚類罕見的眼瞼，大約每兩秒眨一次，夠滑稽逗趣吧？

河豚的幼魚原先棲息於河流出口與內灣的，淡水鹹水交界處，長大才游向外海。河豚有一項出生滿兩個星期、體長約一公分，就能運用自如的防衛本能：遭遇危急時，立刻將身子暴漲數倍，並且發出類似豬的叫聲。（家豬的日文為豚，河豚的名稱即由此而來）它本意是想冒充大魚嚇阻敵人，但如果對方不在乎，反而張口囫圇吞下，則立刻會被遍體的尖刺扎傷，只好忍痛吐出，河豚就可逃之夭夭。日本用「像河豚般氣鼓鼓的」，來形容發怒的人，真太唯妙唯肖了。

明知致命拚死一嚐

日本四周海域的河豚大約四十種，但拿來當

食物的只十幾種，包括虎河豚、真河豚、烏河豚、草縞河豚、胡麻河豚、彼岸河豚、小紋河豚等。最高等級的虎河豚體型也最大，肉白皙有彈性，脂肪少味清甜，外表的特徵是胸鰭後方有一塊黑色的斑紋。瀨戶內海最西端，周防灘畔的姬島（大分縣）和德山（山口縣）兩漁港，所捕獲的虎河豚是行家眼中的上上之選。

天然河豚以晚秋至早春（十一月到翌年二、三月）為漁季，因為此時最肥美嘛。從前的河豚料理店每當進入夏季即欠缺食材，如果不肯販賣其他魚種的，只得休業遊山玩水。現在，唯一進行養殖的虎河豚，已可四季不斷的提供市場流通量的半數。儘管養殖河豚的肉質咬勁和甜度都遜於天然河豚，卻藉不到一半的食材成本，幫料理店壓低價位，而讓荷包欠豐的升斗小民也能偶爾解饞。

日本人吃河豚的歷史可遠溯繩文時代，考古學者曾經自貝塚遺址挖掘出許多河豚的骨骸。由此可見，千百年來河豚的誘惑確實令勇敢的日本人，明明知道潛藏著致命危險，也要拚死一嚐為快。

河豚毒素（tetrodotoxin）的強度約氫酸鉀的十倍，它具備抗熱性，不因煮烤而分解消失，僅需〇・一毫克即能使大人在八小時內死亡。不過，河豚的毒性依種類、部位、季節各有差異。大致上，毒素多來自卵巢和肝臟；產卵前的二月，毒性驟增近一百倍，所以，自古民間流傳著「油菜花開的季節勿吃河豚」的說法。（偏偏此時最可口哪！）

處理手法一窺功力

文祿元年（一五一二），豐臣秀吉預備侵攻朝鮮，在九州北部等待出航的士兵，有不少人因貪吃河豚而喪命，軍方立刻下令制止。江戶時代，平民百姓偷偷地食用，但官家的武士則在禁止之列，若是違令導致中毒死亡者，甚至會遭到沒收家產的處罰。理由簡單易懂，矢志效忠的武士賠上性命，竟不是為了主子，多丟人嘛。

明治二十一年（一八八八），首相伊藤博文在下關的春帆樓，初嚐河豚驚為人間珍饈。明治二十八年（一八九五）終於對山口縣開放限令，此後，全國各地逐漸解禁。今天，專業的廚師都得先考取執照，不幸的事件已極少耳聞，何況，占市場半數的養殖河豚根本沒有毒性。

有一年的冬季，某日本電視臺到大阪做飲食探訪節目，居然跳出小孩子們各自捧著河豚粥大口吞嚼的鏡頭，瞬間，我好想好想變身大阪的居民！事實上，日本全國的河豚消費量，大阪即誇張的獨占百分之六十。天候轉寒的歲末，大阪仔習慣吆喝親朋好友「啖河豚去！」，口氣簡直比「吃碗麵去吧！」還輕鬆，我自己的河豚初體驗，因此給了大阪。

大阪朋友說，從河豚生魚片的處理手法，可判斷廚師功力的深淺。活魚先放血後泡冰水使身體緊實，再解剖去除含毒部位，清洗乾淨包上棉布，放冰箱幾個小時（一面等待熟成，一面可減低水分濃縮甘旨）。接下來，將魚肉切成薄片，並利用刀尖和手指將它們以一端略翹的高度，整齊而且精準的層層排列，環繞於陶盤上。依呈現的華麗圖樣，分別有牡丹盛、菊花盛、孔雀盛、鶴盛、清海波盛等等的稱呼。如此細心加耐心的修煉，至少需耗費五年以上。內行的專家甚至能從擺盤的氣勢，看出廚師的健康狀況呢。

河豚生魚片因切得薄極易乾燥，必須上桌立刻取食。拿筷子一次夾兩、三片，將慈蔥和魚皮捲於其中，略沾用紅葉泥（momiziorosi，白蘿蔔和紅辣椒磨成泥）、酸橘醋（ponzu）、昆布柴魚汁、醬油等調製的醬汁，入口咀嚼，仔細品嚐深妙的滋味。

野炊料理百吃不厭

河豚千里鍋則講求清爽，只以昆布和脊骨熬湯底，材料為厚切的帶骨魚肉，以及不干擾原味的山茼蒿（春菊）、白菜、豆腐、山芹菜、菇蕈等。最後常加進餅（日式年糕），民俗稱有避免中毒的作用，倒沒人提出科學的實證。火鍋剩餘的湯汁中放入白飯略煮，淋上蛋液，撒些蔥花，即是匯集精華的完美結尾——雜炊。

鰭酒是河豚料理的神來之筆。虎河豚的背鰭、胸鰭、臀鰭、尾鰭，先吊掛一個月充分乾燥。調製鰭酒時，取兩、三片用炭火慢慢炙烤到微焦後置於杯內，隨即灌進溫熱至九十度的清酒，香氣瞬間升起。也可再點火，讓嗆鼻的酒精揮發，口感轉為柔順，不知不覺又多喝了幾杯。

此外，值得一提的怪胎是，千葉縣房總半島館山灣的特產，體態近似方形盒子的箱河豚（trunk fish）——身長大約二十五公分而已，肝臟無毒，從頭至尾披覆著硬梆梆的外殼，而被當地人戲稱為「海中的直升機」。（真的超像！）

館山的漁夫說，不知什麼時候傳承來的習慣，他們時常聚集在海邊，用箱河豚的外殼充當炊具，調製河豚鍋下酒。方法很簡單，先將背部橫向剖開，取出肉和肝切塊，再連同青菜、菇類、烤豆腐、蒟蒻絲等放回殼內，加湯汁以火爐烹煮。隨著溫度逐漸上升，肝的黃色油脂滲出浮起，沾染於各種食材，增添了濃郁的馨香，是百吃不厭的野炊料理哪。

儘管箱河豚的體型小肉不多，還是有人拿牠做刺身。因為，薄切的生魚片沾調和肝醬的醋，甫入口即可感受一縷潤滑的甘美，由舌尖往四處漫流，淹沒每個味蕾，久久久久不退。

原載於《中國時報》人間副刊，二〇一五年十二月四日

農漁牧

魷魚灘

廖鴻基

1957 年生，花蓮人，花蓮高中畢業。曾討海及從事鯨豚海上觀察等多種海洋相關工作，臺灣賞鯨活動之規劃與推行人，發起黑潮海洋文教基金會任創會董事長。生活於大海並書寫海上生活，著有《討海人》、《鯨生鯨世》、《漂島》、《領土出航》、《後山鯨書》、《大島小島》等二十本海洋文學作品。作品曾獲一些文學獎肯定。

部落格：海神的信差 http://blog.udn.com/HungGee/article

臉書：https://www.facebook.com/olbeepapa111

島嶼東南角為岬灣海岸，兩座鼻岬護著之間凹灣一泓小小海灣。

這泓灣裡難得一灣淺灘白沙，因為灘淺，水色反映，從高處俯瞰海灣，彷彿山臂圍抱半圓一疋靛藍絨布邊浮著安靜一段鵝黃緞帶。

平日紋紋漣漪輕推擁岸，偶爾季節風起，作弄灣裡的風浪也只是灣外耗盡大半動能懶懶擠進來的餘波碎湧。這時節，灣裡不過水色深轉了些，平日整座灣的沉靜風貌因而轉為幾分內斂深沉。

灣底有個小漁村，兩座山岬呼擁，群山合抱，村子形勢坐北朝南，倚山望海。隔著重重山嶺，村子外頭未鋪柏油的泥沙產業道路，彎彎拐拐，往外繞山盤旋幾圈才算離開村子。外頭人車若要進來村子，盤盤繞繞也不甚方便。

村子安安靜靜，彷若天涯海角，遺世獨立，早些時候也沒什麼特別條件吸引人值得盤山越嶺彎繞而來。如此隔開城鎮市囂，清風淡泊的小漁村，幾代下來，耐不住寂苦耐不住清寒想走的早就走了。村子裡曾經僅剩數十戶人家，過著依山傍海離世索居的看海日子。

這樣的村子至今依舊存在，自然有它存在的理由。

灣凹雖淺，漁村雖小，不曉得什麼緣由，每年開春後，有一群南島魷魚，前後約個把月期間，成群結隊來到村子灣裡的淺水灘滯留。

村子裡老一代人傳說，選擇這泓淺灣為繁殖場的這群魷魚，跟著海流從遙遠的南方小島過來，因而稱牠們為南島魷魚。

最盛時，岸上可見灣底海面碎波漣漣，全是南島魷魚隊伍濟濟擠進灣裡所激起的浪蕩水花。

類似一隊兵勇行軍，行列威武，疊疊沓沓，如夏夜星河壯闊，牠們隊伍從灣口直鋪到望不到盡頭的南方天際，南島魷魚簇簇擁擁，浩浩蕩蕩擠進村子灣底。

因為南島魷魚成群結隊不斷地擠進來，轉眼間，整座海灣全變了顏色。

這季節的夜晚，進來灣裡的南島魷魚身上，各自爍散著綠中帶藍的螢光。魚類專家說，南島魷魚遷徙途中一路吃了不少飽飽吞噬螢光蟲的小魚，螢光透過食物鏈累積，南島魷魚透明的管條狀身子裡，也跟著閃閃散放斑點螢光。牠們也藉由體內這些螢光強弱及散放頻率差異，彼此互通訊息。

看，灣裡那萬千光點瞬息變化，如原野裡千萬隻螢火蟲閃點出表面清靜但內裡激情的求偶螢光，如花季裡千萬朵花蕊同時綻舉無比絢爛的欲求，如光纖管中千萬筆渴望訊息在灣裡迴盪奔馳。

每年南島魷魚來到的季節，一年一度，村民早已備好了舟舨和誘網等在灘上。向晚時分，村民將舟舨推進灣裡，船尾各自燃一盞燈火誘魚。

這盞盞燈火，融在夜灣裡隨浪漂搖，燈影海面反照加倍熱鬧，彷彿灣裡也座落一座燈火搖曳的小聚落。

這些燈火看來隨風飄渺清清淡淡無關誘惑，奇怪的是，光漂到哪，魷魚群就跟到哪，這些飄搖光暈裡暗藏的可是腥臊密碼？這些光不停灑進水裡的可是暖流般的甜言蜜語？

這時節，整個灣裡螢光漁火，閃熾交爍，堪比天上繁星繽紛。

這是村裡年度漁撈大事，老天恩賜，也是村子繼續維持的主要原因。

這季節，魚販卡車一車車風塵僕僕，盤山越嶺來到村子裡載走漁獲。這季節，曬魷魚的網臺鋪滿村子所有大街小巷。陽光底下，村子裡沒有任何一方閒閒空曬的閒置角落。

這季節沒有清閒的村人，這季節，村子大巷小弄找不到任何一隻偷閒打盹的貓。

還不懂漁事的村童，漁季期間也得終日蹲踞水井邊，協助家人剖魷魚、曬魷魚。

終於處理完前一晚的漁獲，午後稍稍得空，孩童們成群來到海灘，也試著用簡單的釣絲釣鉤，手甩著圈，將擬餌拋進灣裡釣取躲過前一晚誘惑的南島魷魚。嚴格說來也算不上釣魚，不過將餌鉤頭頂甩著圈圈，鬆手朝灣裡甩拋釣絲。也沒釣竿，只是隨便拋，隨便扔，熟戀中的南島魷魚任性飢渴盲目，竟也隨便就拉上來一串串上鉤的魷魚。

並不為了增加漁獲，孩童們只是釣著消遣好玩。

除了村裡這些孩童沒事來灘上釣魷魚，慢慢的，村裡海灣南島魷魚大咬的漁訊，很快傳開了，很快就吸引了許多外村甚至外島的專業釣客，搭船搭車，不辭舟車勞頓，前來村子的灘灣上垂釣。

這季節，專業釣客釣魚拉魚的渴望，拋鉤甩竿，不過才一下下，就被灣裡綿綿上鉤的南島魷魚給滿足了。

釣客們很快就裝滿了帶來的四十公升保冷大魚箱。既然跨海且盤山越嶺來到這偏遠小灘，即使魚箱裝滿了，他們還是一聲聲吆喝，繼續釣，繼續拉。

渴望被滿足了後多餘的就是貪婪了，貪婪也飽滿後，開始糟蹋。

裝不下帶不走的南島魷魚，最後，隨手都拋棄在灘上。

漁季初期，還看到幾隻野貓過來撿著吃。

到了漁季中期，吃飽吃膩了吧，或者更新鮮的南島魷魚到處是，村裡的野貓對釣客拋棄在灘上的魷魚，看都懶得看一眼，剩下就是逐腥逐臭營營嚷嚷的蒼蠅留在灘上轟轟鬧鬧。

就這樣，天天扔一堆在灘上，任其腐敗長蟲。

小漁村小海灣每年就依賴這一季繁榮，藉這一季為生。

漁忙過後，村民們為了表示感謝老天賜予，感謝也祈望南島魷魚年年來到他們海灣。海神誕辰過後的第三天傍晚，村民們男女老少，分別穿上自家以碎花布縫製的魷魚裝，列隊從東岬角沿著海灣淺灘，踏著浪緣水花，一路走到西岬角。

沿途嗩吶鑼鼓前導，一列形形色色各種色彩胖瘦高矮不等的魷魚隊伍，漕漕踩著水花，漫漫慢慢的，走過村子前這段白沙海灘。

這是村子傳承多年的魷魚季魷魚裝踩灘活動。

誰料到，不過才十數年光景，也沒人知道什麼原因，這年開春後，南島魷魚不再前來，不再整群擁進村子前的海灣逗留。

空等的第一年，魚販卡車還是天天來，只是空等了一季。

釣客們背著一袋袋精良的釣具前來，空甩了幾天竿，魚箱子仍然空空蕩蕩。

村民們的燈火誘網還是裝置在各自的舟舨上，結果等了一季備而無用。

村裡的野貓不時喵嗚幾聲露出憂愁表情。

那年海神誕辰過後，確定魷魚歉收，確定是空等了一季。

但王村長還是宣布，魷魚季魷魚裝踩灘活動，照常舉行。

不僅如此，他還重金禮聘城裡著名的金光戲團來到村子裡，就在魷魚灘海邊搭起面海戲臺，卿卿鏘鏘，熱鬧無比地接連演了三天三夜的戲。

王村長認為，往年祭典活動不夠熱鬧、不夠誠心，南島魷魚才失信不來。

不是迷信而已，王村長也重金邀請島嶼大學魚類專家許博士，好幾趟來到村子灣緣，診視南島魷魚不來的原因。

許博士後來的研究報告中提到：原因可能是灣頭海流受聖嬰現象影響而轉向，也有可能是季節風受南極大震盪周期影響風向改變，另外，也有可能是這群南島魷魚選了另個條件較好的海灣繁衍。

說起來許多可能，仔細探究，南島魷魚不來的原因仍然撲朔迷離充滿各種可能。

大家一起等，大概是唯一的對策。

沒想到，第二年仍然空等了一季。

空等的第二年，王村長進一步在城裡各主要報社買了南島魷魚祭活動廣告，並透過島嶼電臺強力放送，強力宣傳。村裡大街小巷如選戰酣熱，處處插滿宣傳旗幟。

這年，儘管南島魷魚依舊沒來，但宣傳奏效，一群一群遊客為了參與魷魚祭活動而來到村子裡。

活動主辦單位發給遊客們由村公所統一裁製色彩豔麗的尼龍魷魚套裝，有了這群遊客參與，魷魚裝踩灘活動遊行隊伍陣容擴大，轟轟烈烈熱熱鬧鬧地進行該年的魷魚祭踩灘活動。

而第三年，南島魷魚仍然失信。

如何想到，有心栽花花不開，無心插柳柳成蔭，南島魷魚祭活動的傳統特色加上幾年來的大力宣傳行銷，活動竟然愈辦愈盛大。

這年，南島魷魚不再來的第六年，魷魚灘上的魷魚裝踩灘活動已成為全島，甚至成為外島知名的魚祭慶典活動。

不僅如此，竟也吸引了不少國外遊客不遠千里，搭飛機、搭船、搭車，長途跋涉前來參加小島小村一年一度的南島魷魚祭活動。

每年這季節，至少吸引數萬名遊客前來參加南島魷魚祭活動。

這村子有史以來不曾如此人氣匯聚如此熱鬧。

從魚季活動到魚祭活動，大概這村子的命底吧，熱鬧仍然，只是從過去的南島魷魚轉成如今的觀光人潮。擠擠湧進村子的大群大群南島魷魚，變成擠擠擁進村裡的大群大群遊客。

以前的熱鬧萬點漁火螢光灣裡交織，如今灣域一片幽靜黝暗，燈火熱鬧全落在村里巷弄和灘頭。

傍晚時分，好不熱鬧，遊客們吃過大街小巷到處都有的進口魷魚各種料理後，紛紛穿上村里大巷小弄大店小鋪四處買得到的魷魚迷彩套裝。

重頭戲來了，排場威盛的鼓號樂隊前導，軍禮服筆挺的儀隊緊接在後一路拋槍轉槍，灘頭數盞強力探照燈照亮整座海灣宛如白晝，來自島內和海外遊客所組成的偽南島魷魚隊伍，浩浩蕩蕩，搭配灘頭數座高塔廣播器輪流放送節奏鮮明強烈的雷鬼音樂，一起轟出踩出魷魚灘上花花擾擾一團團模糊不清的激昂水花。

媒體紛紛製作特別節目，報導漁村此一熱鬧非凡的南島魷魚祭祭典活動。

王村長受訪時侃侃而談，關於活動緣由，活動意義，活動目標等等。一時談開了性，王村長似乎一時忽略了必要些許節制，訪談最後，一時說溜了嘴，王村長說：「南島魷魚回不回來，其實，已經沒那麼重要了。」

原載於《聯合報》聯合副刊，二〇一五年四月二十九日

米

蔡逸君

1966 年出生於彰化小農村，文化大學戲劇系影劇組畢業。曾任《聯合文學》雜誌主編，《印刻文學生活誌》副總編輯。獲臺北文學獎、中央日報文學獎、聯合報文學獎、林榮三文學獎、開卷十大好書獎。出版書籍：小說《童顏》、《笑彈秘笈》、《鯨少年》、《我城》，散文《跟我一起走》。

今年春分耕田四分六厘地，收了五千三百六十臺斤，也就是三千二百一十六公斤的穀子，碾成米，能有兩頓再多。我先碾了幾袋，準備分送親友，拿到白米的一刻，不知為什麼，竟想起我前岳父。他曾告訴我他從浙江離開老家躲土匪時，衣裳口袋裡裝的就是大米。他跟我說，那是母親塞給他的，怕他飢，怕他餓著。他是黃埔的，看不起小日本恨死了土八路。他母親給的那點米，永遠吃不完似，五餅二魚吃了許久還剩還有，在我零亂的記憶中，多年後我前岳父在開往臺灣的船上，他啃咬著沒煮過的大米，喀啦喀啦，流著不知是他還是他母親的眼淚。

於是，我把剛碾好的米，生生硬硬地抓一撮往嘴裡放，慢慢地咀嚼起來。好甜好濃米的香氣，滋味比煮熟白飯更多。我前岳父去年過世，我去給他磕頭時他早已經是我前岳父了。不過他是老時代的人，我和他女兒離婚，雖痛苦難當彼此還是理智地面對已經分裂的感情和關係，但他始終無法接受，他對我說，你永遠是我兒子。我知道，那不合時宜，不得認同。

在我們這年代，米也漸漸不合飲食時宜，也在尋求認同。

我種的稻是臺中秈十號，比較少人吃的在來米改良品種。在來日本語是向來之意，即臺灣本地一直以來的米，區隔著日人來臺後引進的蓬萊米。蓬萊米屬稉稻，在臺灣還吃米飯的，如今多數已經習慣蓬萊米口感，即便是像我岳父四九年前後來臺以及他們的後代。時宜與認同，不過幾年就能翻盤，然米食不管秈稻稉稻，都逐漸被進口的西式飲食取代。

百多個日子屈腳蹲伏，千次萬次彎腰縮臂，於廣袤稻田中緩緩挲草，我認真的想，也認真的不去想，米要什麼認同，又要什麼時宜。稻的品種和歸屬會隨著時代變遷，但它們生來就這樣，混過多代基因後，早已不是更早之前江北去的稉稻和江南來的秈稻。作為米的種植者，我唯一能認同的就是耕作的土地，不要再用除草劑和化肥去汙染它，不要不當的工業農業政策去傷害它，雖然這種想法不合時宜。而作為寫作者，我認同的時宜，就是成為各種僵固形式的反對者。反政治正確，反國族標籤，去中心，去主義。我的邊緣處境像白米，在叫喊聲最大的資本市場裡隨時可能陷落，或被賤價傾銷，或被統一收購，菜金菜土，為人操縱。

夏至到來，我躊躇猶豫，最後放棄第二季的耕種。倒不是因為烘穀場的倉庫裡仍堆放著上千公斤第一季的稻穀，它們遲遲還未能碾成米給賣出去。我沒繼續插秧，是覺得夠了，足了，是不想賣了，寧分享親朋好友快樂更多。

時代是文明進步，同時也是野蠻殘酷，對人對農對米都如此。我和我的白米，我前岳父和他的大米，在我們口中咀嚼時，我相信應該是同一種味道，那有著與在地連結，有著不能復返的鄉愁，絲絲的甜和濃濃的憂，土地的滋味。迎風稻浪中未來一粒米啊，我的黝黑身軀靠近你，我以手撫觸你。

原載於《聯合報》聯合副刊，二〇一五年九月十一日

三代人與農的關係

蘇之涵

臺北人，在繁華市中心的傳統市場長大，菜市場的生鮮家禽、濕滑魚腥是熟悉的氣味。在荷蘭萊頓大學拿到國際關係與外交碩士學位，回臺灣後關心城鄉與環境議題，因而投入農村發展。

曾任職中華民國社區營造學會（2010-2013），參與莫拉克災後重建的社區培力；後參與由浩然基金會與臺灣農村陣線推動的「小農復耕」計畫（2013-2016），因而對農業糧食的生產現況有更多理解，開始反思產銷結構和消費者的責任。

身上有許多跨文化的混搭特質，嘗試在不同身分的人群間開展對話、轉譯認同，期待彼此能相互理解，搭建連結與支持。

我剛參與農夫市集工作的時候，家人愣了好大一下：「蛤？什麼市集？賣菜嗎？為什麼要賣菜？」畢竟他們好不容易把我從傳統市場拉拔起來，用力推到白領那一端，現在竟然要回去賣菜！沒頭沒腦的情況下，這件事的確引起了震撼。

我是土生土長的臺北人，跟農的關係說大不大，說小不小。因為在農業產銷線的最後一站、都市消費者的第一線的傳統市場長大，掛在橫桿上的雞鴨，眼睛透亮的鮮魚，整簍的蔬果葉菜……食材還未加工料理前，最最原始的樣貌，都是我熟悉的氣味和風景。

除此之外，我對農的理解少得可憐，大概只有課本說的三七五減租、電視畫面上價格暴跌的農產。我跟隨部落客的腳步，享受好吃的食物，但不曾想過這些食材從何而來。吃就吃嘛，想那麼多幹嘛呢？

我的上一代是這樣的：我的媽媽生於五〇年代、來自嘉義的小山城，父母已離農，開始做各種小吃生意。批來新鮮原料，簡單加工後變成剉冰、醃芭樂、烤玉米、腹內湯等等，推上街頭販賣。她的確有一些親戚在務農，在山區種柑橘果樹，阿嬤會帶她探親，但對務農的印象僅只「好累、好辛苦，又賺不了太多錢」。相較之下，小吃的生意再怎麼樣，總有廟會和節日人潮，叫賣的生活也比務農利潤高些。少女時代的她沒有加入女工行列，嫁給了在傳統市場做小吃生意的家庭。

她跟農沒有直接的關係，但來自農鄉，總是跟食材打交道，知道菜價什麼時候合理，知道如何處理農產、如何料理。雖然對生產完全沒概念，但她很能分辨食物的好壞。這樣算沒有關係嗎？認真買菜、煮飯可是對農夫最直接的支持呢。

我的上上一代，是另一種光景：爺爺來自遙遠的中國北方農村，家裡有些地，自己種麥子，也租給人種雜糧。那時沒有機械、肥料農藥，栽種幾乎完全靠人力，種出來的收成是要餵飽全家的，多的才拿去市場叫賣。務農是勞力活，家裡需要很多人丁才有辦法維持生產，肥水真的不能落外人田，滴滴皆珍貴。爺爺有些小聰明，數學特別好，讀了幾年書就被推薦做保長，不用留在家做辛苦的農事；出去跑跑腿、收收租、宣達政令便是他的工作。在那個年代裡，農是肉搏，農是一家溫飽，太辛苦了，辛苦到能逃則逃。他十八歲離家後，一輩子就離農了。

因此，家人聽到我要去做跟農有關的事，怎麼摸都摸不著頭緒——世界反了嗎？放著體面輕鬆的工作不做，跟人家搞農業，還想推別人入坑？當年閃都來不及了，怎麼繞一繞又回去了？

每年十月的「彎腰生活節」，市集都會認真地談一個主題，前年談糧食主權，去年談國際家庭農業年，我們透過音樂、論壇、市集、影像、料理、生活態度……各種角度談農業與食物，期待參與的朋友會在這一系列的活動中，找到一個印象最深刻、最有感覺的「入口」，開始試著理解農業這件事。

而今年的主題是「與農發生關係的N種方法」，在幾十個與農有關的故事裡，分享人在不同的位置上，離農或遠或近，但都在嘗試創造更有彈性的、對農業價值的認同。他們試著讓生活的各個階段，成長、結婚、生育、創業、低潮、人生最驕傲的一刻，都可以與農連結，找到自己安心的歸處。畢竟，繁華大都市不該是生活唯一的選項。

原載於《聯合報》聯合副刊繽紛版，二〇一五年十月十七日

廚房

冰箱

陳淑瑤

出生於澎湖，曾就讀馬公高中、輔仁大學，曾獲時報小說獎、聯合小說獎、臺北國際書展大獎等文學獎，著有短篇小說《海事》、《地老》、《塗雲記》，長篇小說《流水帳》，散文集《瑤草》、《花之器》。

大概是豐衣足食的日子過慣了，我天真地喜歡起冰箱空著的時候，像是砌在雪地上的冰旅館，孤絕空靈，時不時就走過去拉開門來，至為珍惜歡喜地看它兩眼。

剩下一些瓶瓶罐罐，放在冰箱門後面像一列戴著盔甲的士兵；或者冰箱上層，若是玻璃瓶，在照明燈反射下，頗像一盞盞冰雕藝術燈。瓶罐裡無非是油是醋是醬是飲料，就是沒有主食，沒有可以做成主食的材料；所以囉，高掛鍋子，不用煮飯！不必怕對不起那把精挑細選的菠菜，不必被兩三天就失了鮮甜的蘆筍追著跑，該來吃包泡麵，或買個披薩。不管是吃外面或吃冰箱外面，有很多快樂的可能。

然而，一旦突然被迫得清空冰箱，則完全不是那麼回事，沒辦法想像那情境，好想對那人說：「做不到！」

「好，我試看看！」我說。

冰箱腳下暈出一灘水已有一段時日，或大或小，像尿失禁，時常得在腳下圍著一條毛巾，打開門來，牆壁冒汗，抽屜裡也積了不少水。年輕的女性朋友說該換冰箱了！年長的女性朋友說快找人來看，花五百塊就解決了。結果沒那麼嚴重也沒那麼簡單，那技術人員說得找一天將冰箱清空，插頭拔掉，倘若是管線結凍阻塞即可得解。

暫時別再進貨別再開伙，有些恐慌也有些期待。除去最大宗的生鮮蔬果雞蛋奶製品，冰箱其實空了大半，說一目了然，其實也未必。盤據在底層在邊界的那些散戶，平日或許看不見用不著，但要驅逐出境反而比過客型的食物更傷腦筋。你得拿到面前一一回想辨認，它們的共同點都是經過長時間提煉釀造，如酒、麻油、醬油、苦茶油、水果醋……，以及日曬風乾的菜脯、金針、香菇、桂圓乾等等。若不商借別人家的冰旅館暫住，就要有敗壞的心理準備。這些東西敗壞起來是不著痕跡的。

闔上門前看見捨不得吃卻忘了吃的一顆白巧克力浮現在蛋架上，另有聖誕拐杖糖，哪來的薄荷糖，一把將它們抓出來，又放回去。它們遠超越保存期限，成了永恆，五彩繽紛粧點在冰原上。

再打開上層的冷凍庫，暗無燈光，一片冰灰，我久久凝視，未出手去打開任何一只硬梆梆的袋子，要辨認這些凍物需要更多腦力和後天的訓練。它們多半來自澎湖海域父母的冰箱分屬不同航班，有個基本的粗糙的分類：舊的在上面，新的在下面；但不僅只兩個梯次，還有比舊的更舊的，都混為一體了，我放棄去追溯它們的入住先後。努力煮掉記憶猶新的那部分，還有一部分，我懷疑已不宜食用了，解凍它們——丟棄或者下鍋——都需要勇氣。

北極的冰山消融很令人擔心，該慶幸我還擁有這座小冰山，凍結綠油油海菜的冰磚。清空冰箱，改天吧！等冷凍庫裡能煮的東西煮掉再說，那得去買些青菜來搭配才行！

原載於《中國時報》人間副刊，二〇一五年六月二日

召喚秋天

韓良憶

臺大外文系畢業，當過報社編譯、記者、電影助理製片、古典音樂電臺主持人和音樂電視頻道中階主管。曾旅居荷蘭多年，目前定居臺北，除寫作、翻譯外，也在 Bravo FM91.3 電臺主持《良憶的人文食堂》廣播節目。專欄和作品散見於臺灣海峽兩岸，出版有《韓良憶的音樂廚房》、《只要不忘就好》、《吃·東·西》、《餐桌上的四季》等二十餘本簡、繁體中文著作；譯作更多，不勝枚舉。

立秋了，可天氣依舊酷熱，哪兒有秋的氣息？這也不奇怪，因為還得等到節氣「處暑」登場，秋季才算真的來了。有句民間俗語說，處暑寒來，「處」字在此有終止或躲藏的意思，處暑意味著，暑氣已終，此後，早晚溫差變大，雨後或深夜會出現涼意，亞熱帶的人們這才感覺，天涼好個秋。

雖說秋的腳步這會兒還在門外徘徊，我這兩天卻已吃起適合秋補的銀耳枸杞桂圓湯。前兩天赴外地演講，由於場地較大，我擔心大夥兒聽不清楚，咬字發聲特別用力，似乎傷了聲帶。回臺北的路上，置身於乾燥的高鐵車廂，喉嚨開始怪怪的，像是有什麼哽在喉間，咽不下也吐不出。到了夜裡，睡夢中隱約感到喉嚨有點痛，半夜醒來，心想，哎呀，果然「鎖喉」了。沒關係，以前也碰過這種情形，休息一兩天，少講點話，就會沒事。

怎料第二天一起床，喉嚨不痛了，卻咳了起來，難道是感冒了？感冒沒有特效藥，只能多休息，好好保養。結果，休息了兩天，少開口，不吃酸辣之物，慢慢便不咳了。好在並不是流行性感冒，否則得拖上好一陣子。慶幸之餘，愈益覺得該防患未然，給自己補補身子，於是燉了這一鍋養生甜湯。

我從小愛喝銀耳湯，喜歡把銀耳熬得久一點，把銀耳燉得爛爛的，膠質都給熬進湯裡，幾乎不必咀嚼，便可咽下。銀耳要煮得爛，首先得挑顏色有點偏黃、不太白的乾貨，太白的銀耳用硫磺燻過，煮不爛，其次，下鍋前得先用清水泡軟，撈出摘除黃色的蒂頭，撕成小片後，才能添加清水，端上爐火，開始煮。水一滾，即刻轉小火，慢慢燉個把小時，方可陸續加進其他材料。

銀耳、枸杞和桂圓乾（龍眼乾）統統是我喜愛的食材，家中常備，其中銀耳潤肺，枸杞安神，桂圓乾則養心補血，只是吃太多會「上火」，但我實在喜歡，任性地加了一點，意思意思就好。我知道一般作法還會加紅棗，家中不巧沒有存貨，又懶的為此出門採買，加上我對紅棗之味並無偏好，就省略不加。

家中的銀耳和枸杞購於主婦聯盟消費合作社，雖非本土產品，但貨源和品質經過監督、掌控，吃起來比較安心。桂圓乾則來自臺南東山，一盒足足有六百公克重，由於採古法柴燒燻焙，有股天然的煙燻味，特別香甜，我不時揪下一小坨，加冰糖和水，煮桂圓湯，沒多久便吃掉了大半盒，心裡覺得該節制，可是一到夜裡犯饞想喝點甜甜的東西時，卻又忍不住去挖一匙。

這會兒身體微恙，名正言順，更該喝上養生桂圓銀耳湯。索性早午晚各一碗，一天三次，以秋食召喚秋天快上門，趕走這令人難耐的暑氣。

原載於《中國時報》人間副刊，二〇一五年九月十日

秋夜煮粥

王定國

1955年生於彰化鹿港，少時寫作以小說、散文並進，曾獲時報文學獎、聯合報小說獎，三十歲後棄筆從商，二〇一二年重返文壇。著有《那麼熱，那麼冷》、《誰在暗中眨眼睛》與《敵人的櫻花》三書，連續三年榮獲中國時報開卷十大好書、亞洲週刊華文世界十大小說，以及兩屆臺北國際書展大獎，二〇一五年七月榮獲第二屆聯合報文學大獎。

生日過沒幾天，入夜後開始嘔吐，我這突然發病的妻子。

剛開始以為只是感冒、吃到不潔食物或者感染病毒。吐出來也好，我這麼安慰她。後來她又拉了肚子，我說這就對了，髒東西排掉後會比較舒服。她服下幾顆常備藥後，看來是很累了，說話輕緩又皺著眉頭，上床時虛脫得病奄奄的樣子。

然後我就進去書房了，像平常一樣十點開燈，沉浸下去很快就過了凌晨。對我來說，這是最安靜的長日短夜，沒有任何時刻如此從容，既能看書也想寫作，兩者都是一種安頓，不讀不寫則也得到了另一種放空。

可惜也就因為這樣，我差一點錯過她了。嘔吐聲持續傳來時，聲音短促卻已不夠飽滿，可見胃囊中早就清空了食糜，空嘔的氣音彷彿來自深谷。我拿水拿藥來回跑了幾趟，書房臥房逐漸顯得有點漫長，卻還不知道其實這只是起步，凌晨三點過後，我匆匆穿上外出服時才真正感到驚慌。

這時她雖然還能說話，整張臉卻已蒼黃轉白，眼睛本來很美，此刻像是走了遠路回來，非常疲弱地瞇著，卻又想要睜開看我，於是形成了一種恍惚的眼色，彷彿正在和我告別……。

我拿起電話叫救護車，被她伸出來的手指勾住了。會吵到鄰居，她說。我只好扶著她下樓開車，時速超過一百，路上的紅綠燈隨我自行轉換，衝到醫院時幸好有個警衛幫忙推床，讓我把車衝到大樓後面的停車場。

然後是急診室裡的漫長等待，量血壓心跳，抽血照X光，半夜如同白天，臨時鐵床擠在別人擱著拖鞋尿壺的小道上。我站在她冰冷的腳邊，看著她渾身發抖，護士們處置著其他病患，白袍來了又走，清潔婦到處收理垃圾，幾個大夜班實習生合力推著剛上門的急患擠進來。

這時她的眼睛再也睜不開了。

我不禁想起有一年我們從盛產海鮮的東港回來，當天也是一樣半夜急診，她躺在床上全身抽搐，稍稍平息下來則又陷入昏迷，醫生束手無策，開出來的藥方都是鬆弛劑和葡萄糖。可怕的是，在那檢驗、觀察的等待中，她的娘家人，忽然轉身悄悄問著我：昨天你們去過哪裡，有吵過架嗎？

雖不是明顯的質問，卻因為充滿著試探，且有某種非常怪異的不信任感，從此那一句話深深烙在我的腦海。那時我們新婚不久，得到的祝福不多，兩人廝守在一條窄巷裡，為著世俗中那種門不當戶不對的陰影默默奮鬥著。

因此，在這混沌之夜，四野茫茫的驚慌中，我終究沒有打出一通電話，手機緊緊地握著，想到兩個孩子都在國外，我的父母皆已垂老，而她的娘家人當然也都睡了，拿捏了很久，最後我還是把手機放下了。

天亮後，檢驗報告總算出來，醫生的推斷有些含糊：大概是急性胃炎，連續嘔吐是刺激反射現象，換氣過度也會造成全身顫抖⋯⋯。他說的病稱讓我感到意外，雖不那麼難纏，卻把我們的力氣耗盡了。

第二天我開始為她煮粥，像多年前那個夜晚一樣，我用砂鍋煮，燜它幾分鐘掀蓋一次，拿著瓷瓢輕繞著鍋底慢慢磨，彷如急著傾注一種流暢的情感，反覆地磨呀磨，總算提早磨出了粥糜，爛熟的氣泡聲此起彼落，宛如千百隻飢餓的雛雀飛來，張著鳥喙一起發出那種嗷嗷待哺的聲音。

是那麼好聽的一種喜悅，一個人為另一個人靜靜地煮粥。

原載於《中國時報》人間副刊，二〇一五年十一月三十日

食品安全

毒不死

鄭培凱

山東人，1949 年隨父母赴臺。臺灣大學外文系畢業，於 1970 年負笈美國，獲耶魯大學歷史學博士。曾任教於紐約州立大學、耶魯大學、佩斯大學、臺灣大學、新竹清華大學，現為香港城市大學中國文化中心教授兼主任。學術興趣環繞文化史、藝術思維及文化美學，文藝創作以現代詩及散文為主。編著有《湯顯祖與晚明文化》、《在紐約看電影：電影與中國文化變遷》、《新英格蘭詩草》、《也許要落雨》、《從何說起》、《高尚的快樂》、《真理愈辯愈昏》、《樹倒猢猻散之後》、《游於藝：跨文化美食》、《吹笛到天明》等三十餘種。

這幾年臺灣鬧起食安風暴，一波接著一波，好像哪吒大鬧龍宮，翻江倒海，讓海島上的蝦兵蟹將個個不得安生。先是在液態食品中添加塑化劑，讓所有飲品，如芒果汁、芭樂汁、鳳梨汁、豆漿、牛奶、紅豆湯、綠豆湯、牛肉湯、以及各種弄不清名堂的湯湯水水，都布滿疑雲，不知其中是否摻入了起雲劑，嚇得婆婆奶奶們只敢給小孫子喝白開水。其後又出現了毒澱粉事件，擁有高科技設備的廠商，掌握了化工技術，把工業原料摻入澱粉製品，強化了臺灣人喜歡自誇的Q感。事件爆發之後，大家才知道，原來毒澱粉的威力遠遠超過地震海嘯，不但無遠弗屆，而且無孔不入，已經滲入了所有的澱粉食材，如地瓜粉、酥炸粉、黑輪粉、清粉、澄粉及粗粉等，使得市面上的粄條、肉圓、黑輪、粉圓、豆花、粉粿、芋圓及地瓜圓等八大類產品，以及混有澱粉的關東煮與天婦羅，都沾惹上了聽起來就嚇人的「順丁烯二酸酐」。

一般小民搞不懂什麼是「順丁烯二酸酐」，就有專家出來解畫，說反正是工業原料，吃了當然不好，但是一時也死不了啦。醫學界有人站出來，說曾經拿狗做過實驗，造成狗的腎臟功能惡化。臺大食品科技研究所的教授就說，狗和人是不同的物種，狗吃了得腎病，並不能以此類推，就說人吃了也一定會得腎病。真是科學家實事求是的精神，思維縝密，邏輯性強，結論無懈可擊，可以放到大學邏輯課上當範例。但是，婆婆奶奶們沒有受過嚴格的科學訓練，思想混亂，不肯接受科學家的論斷，不讓孫子輩上街去吃「甜不辣」（即混入澱粉的天婦羅），鬧得全家不安，大哭小叫的，幾乎造成嚴重的社會問題。

這裡的地震還沒完，突然就出現了海嘯。原來每天吃的豬油、菜油、橄欖油，都摻了工業用油，說得難聽，就是地溝油。更離譜的是，產品來自舉國聞名的大企業財團，老闆每天嘴上念著阿彌陀佛，經常以樂善好施的慈善家身分出現，竟然處心積慮在後面操盤，昧著良心賺黑心錢。媒體這才揭露，原來大企業家多年前就靠米糠毒油起家，在臺灣鬧出事來，逃到大陸打天下，靠著方便麵（不曉得有沒有毒？）打遍天下無敵手，又風風光光回到臺灣，繼續黑心事業。有人就說，原來以為中國農民聰明絕頂，發明地溝油，善於利用再生資源，充滿環保意識，就算得不到諾貝爾化學獎，也應該得個和平獎的。沒想到地溝油的點子，居然是臺灣魏氏兄弟傳過去的。更沒想到，事業做大了，胸懷祖國，放眼世界，把地溝油的祕方還傳到了越南，真是民胞物與，澤被四海了。媒體鬧騰得歡，媽媽們受不了了，再沒想到辛辛苦苦攢下的錢，捨不得買LV包包，省吃儉用，給兒女買最昂貴的綠油油的橄欖油炒菜，居然是地溝油啊！又是一陣大哭小叫，槍斃，槍斃魏家兄弟，槍斃三次都不冤。

古人說，出門七件事，柴米油鹽醬醋茶，米跟油都出了問題，怎麼辦呢？傳說神農親嘗百草，不小心中了毒，口吐白沫不行了，幸虧發現了茶，吃茶解了毒。臺灣食品都不安全，喝點茶，解解毒吧。臺灣的茶好，凍頂烏龍、阿里山金萱、文山包種，香氣撲鼻，勝過醍醐甘露。一杯解積食，二杯解宿酒，三杯解煩悶，四杯解憂愁，五杯下肚笑呵呵，排毒養顏，青春活到老。

豈料這兩天又出事了，就是茶的事。原來臺灣一年要用掉四萬公噸的茶葉，而全臺產量只有一萬四千公噸，所以每年要進口三萬公噸茶葉，單單從越南就每年進口兩萬多公噸，幾乎是臺灣本地出產的兩倍。哦，原來臺灣喝的茶，多半都是越南茶。其實，這也沒什麼，有茶大家喝嘛，我們也喝拉丁美洲的咖啡，喝澳洲、智利的紅酒，經濟全球化了，世界大同，不也挺好？問題出在，越南的茶是劣質茶，不但農藥超標、重金屬超標，還可能含有致癌的「橙毒劑」（Agent Orange）。所有人喝的紅茶，特別是泡沫紅茶，都可能是越南茶泡製的。

喝茶也中毒，怎麼辦呢？沒辦法，聽專家的，也許毒不死。

原載於《聯合報》聯合副刊，二〇一五年五月五日

溪州尚水米
——水田濕地復育計畫

吳晟

本名吳勝雄，1944 年出生，世居彰化縣溪州鄉小村莊。1971 年屏東農專畜牧科畢業，即返鄉任教溪州國民中學，2000 年 2 月退休，兼任靜宜大學、嘉義大學、大葉大學、修平技術學院等校講師，授臺灣文學課程，迄 2007 年。教職之餘，親身從事農耕，參與環境保護運動、推廣種植臺灣原生樹種，並致力詩與散文創作。出版詩集《飄搖裡》、《吾鄉印象》、《向孩子說》、《他還年輕》；散文集《農婦》、《店仔頭》、《不如相忘》、《無悔》、《一首詩一個故事》、《筆記濁水溪——守護母親之河》等。與兒子吳志寧合作，出版詩歌專輯《甜蜜的負荷》、《野餐》。

一

來吾鄉考察，意態瀟灑的人士
背手閒步，不經心的讚嘆
好安詳自足啊，這些金黃的稻穗
一粒一粒汗珠結成的稻穗
搖著頭，默默的苦笑

活潑伶俐，可愛的小朋友
圍坐每一個家庭的餐桌邊
快樂的咀嚼
好香好好吃喲，這些米飯
滲進太多農藥，苦不堪言的米粒
已不能搖頭
只是默默的苦笑

——〈苦笑，一九七六〉

我從一九七二年陸續發表「吾鄉印象」系列詩作，這是我生於斯、長於斯、定居於斯的農村生活體驗，長年累月醞釀而來的作品。〈苦笑〉正是其中一首。

詩的創作靈感，主要得自於直覺感受，不必然有多深入、多廣博的知識依據。這首詩清楚表達了一九七〇年代農藥入侵農村，我最直接的反應，或者說，警覺。

詩重意象。米粒代表作物，也代表農民，苦不堪言，是無奈的受害者；而每個家庭的小朋友，代表所有的消費者，快樂的咀嚼，是「不知不覺」的受害者。

一九七九年五月起，我在聯合報副刊連續刊登「農婦」散文系列，一九八二年結集成冊。「農婦」是以母親為主的農村婦女，日常生活的故事，作為題材。其中有一篇，篇名就叫〈農藥〉，描述母親抗拒農藥的心情——

吃飯的時候，母親又在感嘆：米飯越來越不香了。聞不到以前那種香噴噴的味道了。

妻不解的問道：為什麼呢？不是一樣嗎？

母親說：農藥啊！大家拚命的噴農藥，每一期稻作噴好幾遍，米飯怎麼可能還有清香好滋味？

蔬菜噴農藥更頻繁。我說：和蔬菜比起來，稻子還不算嚴重呢。

母親不識字，沒有什麼高深的知識，不懂什麼深奧理論，但得自土地的生活智慧，和單純、正直的是非判斷，促使她無法接受農藥。道理很簡單：農藥這麼毒，人只要聞到、薰到，就會頭暈作嘔，何況噴到作物身上，被作物吸收，再給人吃，怎麼可能沒事？

眼見農藥無盡氾濫，難怪母親晚年時常憂心感嘆：會壞、會壞，時代會越來越壞……

而我在七〇年代直覺上的疑慮，逐漸轉化成深深的哀傷。

事實上，一九七〇年代，八〇年代初期，農藥危害雖已浮現，但還未不可收拾，農藥工廠尚未林立，已有不少有識之士，寫文章、做影像報導，對環境變化發出嘆息、警訊，甚至大聲疾呼、嚴厲控訴，如果政府部門知道警惕，嚴格管制，積極研擬防制對策，例如以生物防治法對付病蟲害，回歸自然方式，取代傲慢無知而殘酷的「控制自然」，田野生態不至於如此快速惡化。

然而言者諄諄、聽者藐藐，警告的聲音很快就淹沒在整體社會權利算計爭奪、財富貪婪炫耀、逸樂追逐盲從的滔滔洪流中。滿朝文武、地方行政首長、民意代表，熱衷拚經濟、搞建設、經費編列加碼再加碼，什麼攏不驚，勇敢向前行，迎向經濟起飛再起飛，卻放任農藥自由氾濫，環境惡化再惡化，誰管什麼生態？

就像很多「大建設」，大勢所趨，芸芸大眾，自顧自忙於營生，渾渾噩噩，沒什麼「感觸」，即使有些警覺，也因「無力感」而隨波逐流，很容易就適應。

二

至今，我們的社會還是麻麻無警覺，不願積極尋求改善之道嗎？

實在說，我是無比悲傷。只因大多數臺灣人的生態知識仍然十分貧乏，環境意識更為薄弱。

然而再多感嘆無濟於事。何況臺灣美好生態，正是毀在我們這一代人手中，我始終懷抱著共犯的心情，總要先從己身做起，試圖做些彌補，做些挽救，或許有些機會推廣理念，帶動風氣。

二〇〇一年，我在自家二公頃田地植樹造林，堅持絕不使用任何殺蟲劑、殺草劑，必要除草時，以手工鐮刀鋤頭，或以割草機為之，特別喜歡陣陣飄散的芳郁草香；割除的青草回歸土壤，整片園區地面上，永遠保持青翠、濕潤、鬆軟。

十多年來，樹園苗木逐漸長大，皆已成樹，綠蔭盎然；綠蔭下，任由各式各樣「雜草」叢生，包括蕨類、姑婆芋，間雜各種樹木幼苗，披覆滿園，只需留意藤蔓類，隨時清除，以免攀上樹幹。

有草叢，就有昆蟲；有昆蟲，就有飛鳥，生態十分豐富，經常有新奇發現，帶來驚喜。飛鳥至少有二、三十種，滿園啁啁啾啾、嘰嘰喳喳，每天清晨及傍晚時分，特別熱鬧，經常有老師帶學生來這裡，作生態教育、親子旅遊活動。

若是一遍又一遍施用除草劑，不只滿地枯黃、生機盡失，很不舒服，大人沒有興致穿梭其間行走、漫步；也不可能允許小孩隨意奔跑、玩耍，和人工割草的感覺，簡直是天壤之別。據我粗略估算，雇請人工背著農藥桶噴灑，或許省些時間，但工資加上農藥錢，所需花費，比起手工割草機，不見得節省多少。

習慣，存乎一念之間而已。

我們家兩公頃樹園旁側，還保留二分多地繼續種水稻，自家食用。數年前，我女兒音寧要求由她負責管理、耕作，實施自然農法，她戲稱為「自然荒廢法」，只在耕耘時加些「基肥」打底，插秧後幾乎是完全放任生長，絕不噴灑農藥，絕不使用除草劑，絕不使用化學肥料，乃至於與「金寶螺」共生。

插秧後，只需花些時間「挲草」，去除稗草、田野草，割一割田岸草，撿一撿金寶螺。

唯一重要的工作，只有巡田水、顧田水。

水稻、水稻，無水便無稻。從秧苗到收割，每個成長階段，整片水田，何時必須「淹水」、何時必須保持濕潤，何時必須曝曬（曬田），有一定時程，例如開花結穗期，絕不可缺水，不然很可能不飽穗（米漿不足），即俗稱「冇穀」（空包彈）。

一年二期稻作，經過五、六期實務經驗，音寧很篤定，照樣可以收成，和使用農藥，所謂

「慣行農法」，唯一的差別，只是收成量大約減半，如此而已。但絕對更香、更好吃，當然更健康。

就是說，對水稻而言，噴農藥，唯一的功能只有控制病蟲害、衝高產量，但病蟲害控制得了一時，不可能滅絕，甚至更猖獗，劑量越用越重，形成惡性循環，不惜毀滅大量物種。

其實不只水稻，很多作物根本無須噴農藥，像鳳梨、番茄、西瓜、玉米、黑豆、小麥……以及依時種植的蔬菜、水果、絲瓜、菜豆……吾鄉已有不少農民親身去實踐自然農法，成果一樣，只是產量少一些、外表沒那麼「光鮮亮麗」罷了。

三

吾鄉居民世世代代在濁水溪畔安身立命、勤奮耕作，引用濁水溪水灌溉農田。

二〇一一年，得知鄰近工業園區將沿著灌溉水圳埋設暗管，搶奪我們農民的水源，十分驚慌，水源一旦被搶奪，等於斷去耕作命脈，攸關生存權，豈能默不吭聲，向來安分守己，只知認真耕作的農民，被迫學習如何抗爭，全鄉一呼百應，迅即成立「顧水圳、反搶水」自救會，展開一波又一波行動。

足足五、六百天充滿焦慮、不安、悲憤、交織淚水的辛酸煎熬，在社會各界人士聲援、協助下，終於守住母親之河基本的水量，回復平靜耕作的尋常生活。

經歷這場「震撼教育」，吾鄉農民才意識到，原來天經地義、理所當然的自然資源，隨時都有可能失去，更懂得珍惜；對做田的價值，也更有自信。

抗爭，是明確表達「不要什麼」；抗爭之後，就要積極落實「我要什麼」。音寧依據她「自然荒廢法」的經驗，結合水田概念，和自救會農民密切討論，進一步提出「水田濕地復育計畫」的願景，並和「特有生物保育中心」年輕研究團隊合作，獲得內政部營建署補助，做生態調查、紀錄。

就像米，從來不只是米、不只是糧食，而是包含氣候、土地、水流；是歷史與技藝、科學與經濟、文化與風格的展演；更是自然生態變遷中，最日常、最直接的體現。

米，就是生命。

水田，就是生命之源。

水田，不只是農業生產之用。水田也是國際濕地公約與國際自然保育聯盟所定義的重要濕地價值，具有水資源涵養、地下水補充、環境溫濕度調節等多元功能。

水田也是臺灣農村最開闊、最好看、最具特色的人文風景。

在我的童年、青少年記憶中，農藥尚未入侵之前，廣闊農田連接乾淨水流的圳溝，水草搖擺、魚蝦豐盈，春夏季節最熱鬧，撿田螺、釣青蛙、捉蚱蜢、摸蜆撈魚、捉泥鰍……多樣生物適應耕作節奏，展現出水中繁殖生長、離水遷徙，濕土休眠的生活史……

音寧的童年，也保有這些美好記憶。她希望讓這些記憶，回到生活中。

只要重新學習友善對待土地，不再施用化學肥料壓榨土地；不再施用農藥強迫作物、傷害環境，一年、二年……十年，悉心照顧，耐心等待，應該可以讓飛鳥回來、青蛙回來，魚、蝦、毛蟹、蝙蝠、螢火蟲……失去的一一召喚回來。

召喚回來的，不只是健康的土地、水流、生命，還有合乎自然倫理的價值觀。

音寧這樣期望，這樣相信，當然也明白，這不是簡單的事，可能是很遙遠、很艱辛的夢想。然而，夢想不是等待，而是要化為政策推動落實、起身而行，一步一步去實踐。

最基本的理念是堅持小農的價值。絕不是「小地主大佃農」式的承租、大規模的企業化經營，而是留住小農，留住耕作勞動的精神。

小農對田地的自主創作，是海島臺灣農耕文化中的重要基礎。每塊田就是每個小農的創作品，也是精神寄託，要給予自主的空間去發揮、著力；保存田地的多樣性，留住第一線農人的多樣性，恰如生物多樣性，是必須努力的方向。

目前，臺灣各地已有越來越多的小農投入友善耕作。

不過，自主並非是個人主義，尤其臺灣小農更需要集體合作、組織運作，凝聚群體力量才能成事，並非單打獨鬥，各打各的品牌、各搶各的市場。

音寧的「水田濕地復育計畫」，踏出的第一步，便是以我們家二公頃臺灣原生種樹園為基地中心，擴充出去，向周邊農田的農民，一一說服。其中多位是「顧水圳、反搶水」自救會「要角」，在抗爭運動過程中，音寧和他們培養了深厚的革命情感，有了良好的默契，經過數次溝通、交流，很快就聚合起來，首批集結了十一位老中青三代，各有性格與看法的在職農民，並找來幾位一向愛護土地、關心農民的好友，加入股東，水到渠成，正式成立「溪州尚水」農產股份有限公司。

四

這是一家很特別的「公司」，說它是獨一無二也不為過，因為它絕非個人營利事業，而是推動理念，作為農民與農產的平臺。它的最大特點是：提供的不僅只是商品，更是生活的價值。

這家公司主要業務有二項，其一是負責組合農民，溝通，安排觀摩、講座，並和農民簽訂「保價契作」，翻轉一般通行的「以量計價」收購方式，採行「以地計價」，真正從最源頭的地方把關，不論收成量多寡，每分地以合理價格保證收購，讓農民有基本的穩定收入，在沒有產量壓力下，免去使用任何「特效藥」的必要性，安心作為生態復育、農村文化開拓、傳承，第一線執行者，在田間挖溝放養水族、孕育藻類、空出野地、種植綠籬提供生物棲息繁衍……進行各種增加生態多樣性的營造實驗，長出美好的價值觀。

坦白說，只靠彼此信賴、相互督促，難免有一、兩位農民，使命感不夠堅定，有時會偷懶一下，未認真照顧農田，產量與品質都遠遠不如別人，落差太大。不過，在大家盡力打氣、教育，和顧及面子下，總會改善。

每一期稻作收割時，公司會在各家田地留一袋稻穀給耕作者，待全部完成收割，來我們家庭院樟樹下，舉辦別開生面的「呷米趴」，每位稻農先在家中，把自家生產的稻米，煮成熱騰騰的米飯，帶過來，公司人員暗中一一編號，再端出來，擺在樹下長方形飯桌，大家一鍋一鍋輪流品嘗，品嘗者都不知道哪一鍋裝誰家的白米飯，連自家煮的也分辨不出來，每人圈選覺得最好吃的那一鍋號碼，投入票箱，唱票結果，由鄉長宣布「米王」得主，在掌聲和笑鬧聲中，促進情感交流。

另外再宣布各家平均生產量，相互惕勵。開會檢討，交換心得。

公司另一項重要業務，便是推銷農產品，目前以「溪州尚水米」為主。

尚，臺語和「上」相通；水，既含水田之意，臺語和「美」近似，就是最好、最美的米。

為什麼敢如此「自誇」呢？

什麼樣的水、什麼樣的土壤，孕育出什麼樣的作物。

溪州農鄉位於濁水溪畔，引濁水溪水灌溉農田，水源充沛，因沿岸少有工廠，二〇〇一年集集攔河堰興建之後，中央集權管控水源，農業灌溉渠道專管專用，溪州地段為莿仔埤圳上游，沒有工業廢水汙染；濁水溪的濁，不是髒，而是挾帶上游山壁石岩不斷崩解的鐵板沙，隨著急水流入農田，逐漸沉澱而成有黏性，又含豐富有機質的黑色土壤。

這麼乾淨的水質，這麼肥沃的土壤，再加上這麼貼心的自然耕作法，孕育而生的米、飯，滋味Q軟香甜、黏度適中，當然特別好吃，而且健康。我一廂情願以為一定很受歡迎。

溪州尚水農產公司，請不起專業經理人，只有幾位懷抱農村新願景的知識青年，負責一般業務。只靠幾位共同理念的朋友，熱心協助，不支薪、無利潤、純粹義務推銷。尤其是音寧和我，年輕夥伴戲稱我們是「超級藍鑽業務員」。

為了推廣友善耕作理念，推銷溪州尚水米，我不在意身分、不顧及臉皮，每場演講，技巧性打廣告；每趟出門，我的書包中一定帶多份宣傳品、訂購單，有機可乘就「直銷」；平日花費不少時間，親自接待一批又一批遠道而來參訪的人士，到農田現場不厭其煩導覽、解說；甚至去「拜訪」有可能合作的餐廳老闆、企業界主管，費盡唇舌尋求訂購、認養、合作。

第一期契作七公頃、十一位農民，因為不斷有媒體好意報導，也有不少朋友熱情贊助，收成後短期間即銷售一空，給我們很大的鼓舞，但也造成假象，因為有更多農民有意願加入，音寧決定擴充到十一公頃。

友善耕作面積擴大，耕作技術也更有心得，產量大為增加，銷售卻停滯，並未相對成長，一季緊接一季，舊米未去、新米又來，堆積倉庫中，壓力很大，因為倉庫還未有冷藏設備、容量也不大，最大的壓力是，自然農作不噴農藥的稻穀、稻米，耐不住久藏，大約只容三、四個月，很快就會長「米蟲」。就算有良好的大倉庫冷藏設備，這樣堆積下去，也不是辦法。

實在說，我的業務員經驗，心情很複雜，既充滿感激，感激許多朋友熱心宣傳、推廣；感激多家企業支持、認養。但挫折感也很重。

我感到最大的挫敗是，至今還無法說服一家餐廳願意使用「溪州尚水米」。如果商業餐廳願意訂購，價錢可以再調低。和自然農法米食合作，可以明確知道產地來源，隨時歡迎來「巡察」，也是很好的宣傳、很有意義的公益形象廣告。即使不談公益，純粹在商言商，確實好吃、真好吃，安全又健康，何樂而不為？

目前只有家鄉子弟、作家蔡逸君的好友王靈安，在臺北華山文創園區的「三重奏咖啡」，和他徒弟「阿力的搖滾廚房」及楊儒門的「學農 Food」，固定採用溪州尚水米。期盼帶動更多的餐廳業者願意加入。

五

推銷業務難以拓展，主要因素當然是我們太不會「做生意」，沒有能力打開通路，不懂得發明、糊弄一些虛華的廣告詞，只是一味宣揚生態觀念。訴求三大「功德」：一、提供親友健康農產，二、照顧農民穩定收入，三、保護環境生態復育，太過於「道德化」，引不起消費大眾的興趣。

我大致歸納一些客觀條件，如外來飲食文化不斷入侵，改變了國人米飯為主食，無飯不飽的傳統食性；每天煮飯「動鼎灶」的家庭越來越少；在超市購買平價包裝米很方便；米太平常了，潛意識中不自覺的輕忽，或輕賤……

最大關鍵還是價錢吧。

因為友善耕作，為了不施用農藥、化肥，行距、間距也要加大，通風性較良好，比較不容易發生稻熱病，因此稻穀收成量，大約只有「慣行農法」的一半，而且「對地契作」保證價格，約為政府休耕補助的四、五倍，從耕作方式到碾米、包裝、出貨，大都是手工作業，比起大型機械化工廠，增加很多人力成本。一般市售價格每公斤約四、五十元，溪州尚水米零售定價一百五十元，「好家庭」訂戶每公斤一百三十元。

我粗略計算，每公斤約四碗米、每碗米煮成三碗飯，也就是每公斤米十二碗飯，每碗飯平均十元左右，和一般小吃攤、小餐廳價錢差不多。依目前多數人食量，每人每個月約吃六十碗飯，合計約六百元，等於外食價錢，和市售米價相差只有二、三百元，對一般收入的家庭而言，需要如此節省嗎？

前些時，一再爆發「假本土米」風波，多家知名糧商找了幾位當地農民契作，當作招牌，出產的品牌名氣很響亮、市場占有率很高，卻連續被查到混充越南等劣質米，包裝為優質米價格販售；還有大廠名牌米，多次檢驗出超標的劇毒農藥。

如此不實，如此造假，如此不安全，但事件喧騰了一陣子，罰些小錢，很快就不了了之，這些名牌米繼續上市銷售，社會大眾似乎也無所謂，仍繼續接受。

米飯，性溫和善良，不腥不燥，不像某些主食，容易口乾。早年未施用農藥、化肥的米飯，很純淨，清香四溢。我們這一世代的臺灣子弟，大都有這種經驗，只要有一碗熱騰騰的白米飯，淋上一點醬油攪拌，風味絕佳；若再拌一匙豬油，更是無比幸福感，幾乎無須什麼配菜。

很多報章雜誌、電視節目的美食報導，介紹本土流傳甚廣、甚久，深受平民大眾喜愛的爌肉飯、滷肉飯、肉燥飯，皆著重在肉質、配料，很少評鑑米飯，我認為這近似主客易位、本末倒置，殊不知米飯好不好吃，絕對是決定滷肉飯、爌肉飯、肉燥飯……品質優劣的要素。

但米飯的品質越來越差。

各式各樣毒性那麼強的化學藥劑，長年傷害土壤、侵蝕作物，天然好滋味當然喪失殆盡。大眾的品味能力不自覺的降低再降低，已經不懂得分辨什麼品質了。

坦白說，我在街市小吃攤、餐廳或便當，已經很少吃到好吃的米飯，甚至常吃到實在難吃的米飯。

不知道多少消費大眾有感覺，有在乎嗎？

據我所知，臺灣各地已有不少農村青年、中壯年，懷抱理想，投入無毒、友善環境的耕作方式，技術不斷進步，充滿願景。似乎有逐漸蔚成風潮的趨勢。

不過，只靠少數農民的堅持，只有一點一點的改善，效果畢竟有限，必須農委會、內政部、環保署及各縣市政府等行政部門，真正重視，無懼得罪農藥化學廠商，成立執行中心，研擬有效政策，才能全面復育生態環境。

音寧號召農民組成溪州尚水友善農產公司，進而推行鄉內幼兒園營養午餐，採買在地食材，不只米食，所有蔬菜、水果也都和實施自然農法的農民合作。最大願望是自然農法加上在地食材理念，推廣到全國。

臺灣社會外食風氣普遍、外食人口眾多，只有便當店、簡餐店、小吃攤、一般餐廳、學校餐廳，乃至於軍中餐廳等公共食堂，提高一些成本預算，採購自然農法的農產，才有可能真正推行友善耕作。

更重要的是，全民的覺醒，從自身改變消費觀念、消費習性開始。每一次合乎自然倫理的飲食選擇，正是推動改革的一份力量。

我如此深切期望——

轉機，即將來臨嗎？

附記：本篇部分文字引用「溪州尚水友善農產」摺頁簡介。

原載於《聯合報》聯合副刊，二〇一五年九月六、七日

蔬果

山苦瓜

周芬娜

臺大歷史系學士、美國 Union College 電腦碩士。曾任美國紐約州 Vassar College（耶魯大學的姊妹校）中文系講師，美國 IBM 電腦程式計師、海外華文女作家協會第九任會長。現為自由作家，加州矽谷『紫藤書友會』創會會長。作品以遊記／美食評論為主，巧妙融合文學、歷史、山水、美食、植物、人物、博物館，代表作為《帶著舌頭去旅行》、《品味傳奇》、《飲饌中國》、《人生真滋味》……等。榮譽：三次榮獲亞洲週刊熱門文化指標（2003，2008，2012）；臺灣『中國文藝協會』五四文藝獎章（2005）；中國淮安「漂母杯」文學獎最高榮譽獎（2013）；臺灣「講義雜誌」第十屆年度「最佳美食作家獎」（2013）。

我們去年七月初去逛加州矽谷的越南購物中心，在那裡的「芽莊餐廳」美美的吃了一頓蔥薑生蠔、炸春捲、芒果糯米飯……當午餐。飯後逛街，我發現附近有幾個小販在賣一些越南人喜歡食用的蔬果幼苗，是其他苗圃買不到的。我興沖沖的買了一株胡瓜苗（七美元），一株苦瓜苗（四美元）回家栽植。那株胡瓜苗有半公尺高，已結出小果，看起來頗為強健；苦瓜苗只有二十公分高，剛開出一朵朵的黃色小花，花葉看起來都纖細脆弱，不知道是不是養得活。

我家前院蓋有一個三公尺高的四角型紫藤花架。我們聽從園丁的建議，紫藤長得快，只須在花架對角處的兩根木柱旁各種一株，讓它們攀緣而生即可，不久後就可看到藤花滿架；因此，另外的兩根木柱旁邊是空的，尚未種植任何植物。我們回家後便分別把胡瓜苗、苦瓜苗分別種在那空置的兩根木柱旁，讓它們相對而生。纖細的苦瓜藤因藤繁葉茂，容易折斷，我們特地還加放了一個長寬各約一公尺的矮木架，讓它可以左右上下攀緣。去年加州乾旱，水費高漲，矽谷的天氣十月就變涼了。瓜類喜歡潮濕溫暖的天氣，這兩株瓜苗都只剩兩個月的生長期。我當時以為胡瓜必會有收成，而栽植苦瓜可能只是白忙一場，沒想到後果適得其反。

那株壯健的胡瓜不停的開著大白花，卻都是放空砲。有許多帶著一根小胡瓜的雌花，在花謝後就萎黃掉落了，藤葉在十月就開始枯萎，令人惋惜不已；反而那株看起來弱不禁風的苦瓜，在九月就結出第一個碧綠的小苦瓜，我原以為它會繼續長大，它卻長到十公分長就開始變紅了，掛在綠藤上嬌媚玲瓏，煞是可人。十月時又結了第二個，十一月結出第三個，藤葉還是綠油油的。我這才發現原來它可不是一般的苦瓜，而是一株罕見的山苦瓜！我家位於樹林叢生的小山上，氣溫比山下要陰涼些。山苦瓜喜歡高冷的氣候，種在我家半陰的前院剛好適得其所。

山苦瓜（kakorot），學名 Momordica charantia var. abbreviata，是一年生的蔓性攀緣草本植物，分枝繁茂，枝蔓具有捲鬚和毛茸，可以在木架攀緣，全株具有特異的臭味，比一般苦瓜矮小。瓜果長卵形，末端尖尖的，只有一般苦瓜的十分之一到十五分之一大，苦味也較清淡。果實表面有疣狀凸起，未成熟果皮為濃綠色，成熟後果皮變成橙紅，果實熟透時會自然裂為三片，向外翻捲而露出深紅色的種子。原產熱帶亞洲，現在臺灣已馴化為野生植物，在臺灣中、南部的中低海拔山區經常可見到。

我從小在家鄉屏東縣的來義山上就常看到山苦瓜的芳蹤，沒想到如今在加州矽谷竟意外的與它重逢。來義山胞喜歡把山苦瓜種在籬笆上觀賞，也把它當成蔬菜食用。我那時冰箱裡剛好有兩個從好友經營的農場買來的自製鹹鵝蛋，靈機一動便決定用那最後一個山苦瓜，來做一道難得的農場珍饈——山苦瓜炒鹹鵝蛋黃。鹹鵝蛋的體積約有鹹鴨蛋的兩倍大，蛋黃也特別豐足甘腴，有兩倍之多，我想用一個鹹鵝蛋也就足夠了。

我把那個山苦瓜洗淨，對半切後去子，切成薄片。再將青蔥切粒，鹹鵝蛋去殼切成兩半，挖出蛋黃備用。然後起油鍋，大火燒熱，先放入蔥花爆香，再放入鹹鵝蛋黃以鍋鏟鏟碎炒鬆，略加白糖調味，最後放入山苦瓜片拌炒約一分鐘，讓它入味斷生，並均勻的沾上鹹鵝蛋黃，果然做出了一道金黃翠綠的珍饈。我將它鏟起，特地盛在一個碧綠鑲金邊的英國骨瓷盤上，顯得色澤意外的協調。我用筷子小心的挑起來一嘗，那些山苦瓜片果然爽脆可口，一絲淡淡的苦味把鹹鵝蛋黃襯托得特別甘香酥鹹，真是不枉我這四個月來的「朝朝勤顧惜，夜夜不相忘」啊！

原載於《聯合報》聯合副刊，二〇一五年四月十四日

石榴的顏色

尉任之

臺北市人。1977年3月出生。東海大學美術系肄業，巴黎第一大學電影研究所博士候選人。關於音樂、電影、繪畫的論述散見臺灣、法國、土耳其、中國大陸等地刊物。繪畫個展於臺北和日內瓦（1994、1997），並聯展於法國、義大利、巴林、烏克蘭、喬治亞、哥倫比亞等地基金會、文化機構與美術館。

亞美尼亞人稱它「天堂的果實」，認為每個果實都蘊含了三百六十五粒種子，一天一粒，源源不絕。

它富含鎂、鈣、鐵、磷、鉀、鈉、鋅等礦物質和維他命，高加索人吃它的果實，用它榨汁和染布。粗硬的果皮和花朵搗碎，和水加熱約一小時，便成為極好的染料，染出來的布匹不像果皮那樣鮮艷，而是比較沉穩、帶點橘色的絳紅；水果提煉出來的顏色泛著陽光的溫度，很好看。

高加索人染布，一口口金屬鑄造的大鍋在柴火上冒著白煙，戴頭巾的婦女用木杵來回攪拌，再將浸泡足夠的布匹從鍋裡倒出來，用杵捶打。倒出來的染料流淌在水槽和地面上，或深或淺，成為一幅幅自動暈染的抽象畫。

石榴（亞美尼亞文叫「Nour」）象徵美麗與愛情，也象徵永恆的青春與不息的繁衍。石榴樹耐旱，不高，樹幹也不粗，葉片窄小，但豐厚的果實極能蘊含水分，從新疆、中亞、高加索，一直到黑海、地中海的土耳其和以色列，都可以找到這種跟葡萄、橄欖歷史一樣久遠的植物。《舊約．申命記》第八節，摩西向流浪四十年的族人描述迦南地東邊（今天約旦河以東）豐美的土地時，便有這樣的記載：

上帝要領你們到富饒的土地去，那裡有河流、泉水和地下水，可灌溉山谷和山坡；那裡出產大麥、小麥、葡萄、無花果、石榴、橄欖和蜂蜜；你們絕不再飢餓、匱乏……

不只基督徒，更不只亞美尼亞人將石榴視為生生不息的象徵，在高加索旅行，你會發現石榴早已進入亞美尼亞、喬治亞、亞塞拜然，以及許多少數民族的生活之中。在任何一條公路旁，你都會看到吊在杆子或棉繩上的石榴乾，深紫色，兩張A4影印紙大小，薄薄的一片，撕成小塊放進嘴裡，馬上變成酸酸甜甜的石榴汁。同樣的石榴乾也可以碾成粉狀，撒在烤肉烤魚上，和捲餅一起，可減去肉類的腥味。當然還有用石榴汁做成的醬料，因為沒有加熱過，顏色比布料上的來得鮮豔。

亞塞拜然人喜用石榴粉，喬治亞人則偏好新鮮的石榴汁，看他們在餐盤上毫不猶疑地撒石榴粉或澆石榴汁，對他們有這麼美味又用之不竭的食材不覺心生羨慕，直到現在，我巴黎家中仍保有一罐從巴庫帶回來的石榴粉。

一九六九年，帕拉贊諾夫（Paradjanov）的電影《吟遊詩人》推出後因抽象的詩意和隱藏的民族情感遭到官方查禁，修改後按影片中最重要的意象更名《石榴的顏色》。帕拉贊諾夫是喬治亞出生的亞美尼亞人，成長於堤比里西一個古董商家庭。器物中成長的背景養成他拼貼的興趣，他的電影著重劇場與平面性，像一連串的繪畫般隱晦難解。帕拉贊諾夫的生涯橫跨烏克蘭、亞美尼亞、喬治亞和亞塞拜然，就像他鏡頭下的遊唱詩人Sayat Nova，足跡遍及高加索，用亞美尼亞文、喬治亞文、亞塞拜然文留下一再傳唱的詩作。

資源的分配讓高加索的民族間充滿仇恨的裂隙，但放眼望去，他們的文化、習俗、物產又有太多的相似性。

石榴是其中一項。它並不特別屬於誰，它只是高加索人視覺與味覺記憶共同的一部分。

原載於《中國時報》人間副刊，二〇一五年五月六日

細數金針花

方秋停

出生臺南，東海中文及美國中佛州立大學教育碩士。目前定居臺中。喜歡烹飪、電影、旅行和散步，習慣臨窗閱讀、遐想，讓花草點綴生活，品味簡單的幸福。珍惜寫作機緣，為愛與感動不停書寫。曾任《明道文藝》總編輯、現為明道中學國文教師。曾獲時報文學獎、教育部文藝創作獎、吳濁流文藝獎、福報文學獎、桐花文學獎等。作品選入多種文集。著有散文集《原鄉步道》、《童年玫瑰》、《兩代廚房》；小說集《山海歲月》、《耳鳴》、《港邊少年》。

兒時不知金針即萱草，另有名為忘憂草，只知那特殊菜色偶爾出現湯裡，一根根於油光下蜷曲交疊著。金針煮前須先泡軟、去硬蒂，以手指就其胖瘦長短適當地扭繞抽拉，令腰腹形成堅實繩結，如記事般地表明心志。此舉頗費工時，卻一直被傳承下來。

舊時南部人嫁女兒，當天必備魯麵招待親友。魯麵材料繁多，紅白蘿蔔丁、香菇、木耳切細；醃過的肉絲混合太白粉蛋液和魚漿，以及爆香用的蝦米和扁魚……熱鬧不輸當日親友聚集的場面，其中不可少的自然還有金針這一味。頭插紅花、髮型設朵完好的婆婆媽媽們圍聚一起，兩手不停將那橘色針菜拿起、彎繞與丟出，動作連續話語不斷，話題總環繞著新娘如何乖巧、認真，讀書工作時如何教人感心……一根針纏成一個結，回憶細細編織著，說著說著，一雙雙眼睛不覺紅了起來。鞭炮聲響，男方迎娶隊伍抵達，婦人趕忙收拾情緒，將糾緊心結整個倒進滾沸的湯裡面。

金針認真處置起來頗為費事勞神，日常三餐較難完成。偶至山中旅行，於名產店裡倒常見著它的身影。金針質脆耐煮，於高湯裡溶出淡淡甘澀，似訴山嶺斜陽以及雲彩霧露的親潤故事。臺灣金針多產於東部，臺東太麻里、花蓮富里的六十石山及玉里赤科山，每年八至十月金針花盛開，總吸引大批人潮湧入。金針花莖自葉叢中抽出，一天只開一朵，丰采從日出到日落，拉丁文於是稱之為Hemerocallis，意為一日之美。

金針多植於低海拔山坡，向陽迎霧，仰望雲的去留。金針花海雖美，而開過的花便不能食用，就菜農角度難免感傷，若遇觀光客隨意踐踏，更衍生出另外的憂愁。不論如何，於峻嶺僻鄉能食此味，總令人感到喜悅。山中湯碗裡的金針多半披散一身，陽光下未及綻放的花蕾，經水煮後呈現柔和姿態，那本可昂然挺立的丰采，終究委身奉獻予人。今人多半忙碌，少有閒情一針針扭繞。不確定打結的金針便較美味，卻銘記那一雙雙備煮羹湯的憂鬱眼神。旅美那些年，冰箱裡多藏一包乾金針，無湯料時便抓幾根出來浸泡，看那萎頓身軀於水中漸地伸展開來，金黃色澤釋出家鄉氣息，勾連起一幕幕往昔記憶，眼前盤飧便就豐盛了起來。

金針富鐵質，具潤肺功能，經乾燥處理，入湯後帶有類似筍乾的滋味，可去脂解油膩。而它口感脆爽，與木耳同為素齋重要食材，兒時少有機會參與宴席，每逢廟裡供齋，母親總會帶我們前往。左鄰右舍吆喝一聲，大人小孩浩浩蕩蕩結成隊伍，竹溪寺緊鄰臺南南溪，岸邊多植桃、竹，潺潺水流上有吊橋通連兩岸，行至橋上，只見河上輕煙冉冉，綠蔭接連，山影水景盡收眼底，為貧窮年代少數得以實現的旅遊經驗。尤其教人興奮的是，平日宴客孩子們絕無座席，今卻得正式和大人圍坐一起，人人一副碗筷，等候精采菜肴一道道端出，感覺榮寵至極。素齋精采，炒麵、湯裡或青菜豆腐當中，經常見著金針依偎著豆角或與白菜等青蔬纏繞，非但替素雅增豔，且與荸薺口感相映襯。另外如火炒、醬魯，拌炒青豆與嫩筍，真誠遇著熱情，雖無魚肉，卻也讓人吃得很是滿足。

食花雖美畢竟是件殘忍的事，一朵鮮花經受朝陽期勉以及山林霧露的滋養與祝福，內裡包含雲和月光的叮嚀眷顧，更要有菜農的殷切盼望及其十指採擷的溫度。陽光、人情缺一不可，光想著便覺珍貴，更別提須於因緣齊備及時見好就收，早晚一分都將造成遺憾。生命於最璀璨之際終止，畫面定格，如首淒涼豔歌，唱至最高亢時便戛然而止。

一根根淡綠色花蕾經火吻乾水分後被運下山，惜別山坡，針花經常遠赴他鄉，於各家廚房還原、繼續生命故事。金針燉煮雞湯，微酸引出甜味，朵朵含苞花蕾環繞著鮮嫩，一鍋湯裡融合著清新動人的想像。金針亦可豐富素菜口感，芹菜與金針爆香，倒入壓碎豆腐加高湯煮滾後勾芡，即成色香俱全的美味羹湯；或起油鍋將薑片炒香，倒入烤麩、切片的香菇、豆干、竹筍及木耳與金針拌炒，便為百吃不厭的素什錦。

金針為母親之花，具有不張揚的美德，沉浮湯中，欲語還休。喜歡看它靜臥盤中，舉箸夾起一口，漫山陽光霧露便將移入，含苞記憶於眼前一朵朵綻放開來……

原載於《聯合報》聯合副刊，二〇一五年六月九日

飲料

臺茶八號

李凱珺

1990 年生，畢業於臺灣師範大學華語教學系，現就讀國北護語言治療研究所，若是碩士論文也能獨抒性靈、不拘格套該有多好。作品零零星星，多是斷文殘句，久久才寫出一篇完整作品，偶爾投稿、偶爾參賽，結果如何一切隨緣隨性，能得到肯定便是意外驚喜。

雖然第一波東北季風已經登島了，冬季拉扯著秋季，時序已進入小雪，但秋季依然醞釀著夏季的豔陽，偶爾釋放出宛如夏季的能量。

前一個季節的熱浪與雷雨猶未消褪，溫熱的風奮力跑過整片海域，在小小的島嶼上，釋放著來自南方的暖意。天空的色澤飽和如正藍釉，正午陽光蛇曲了視野，光線亮得刺眼，讓人無法直視，對此，我只能垂下頭，盯著前方三公尺快要融化的柏油路，木然的前行。整個天空的光線都毫無保留的降下來了，灼燒著人們的肌膚，盆地內鬱積著類似盛夏的燥熱，在陽光中不停地膨脹，所有人都被包覆了，我的視野逐漸融化，只能拖著無處不在的熱氣，在烈日下緩緩移動。

烈日下，我突然想起昨夜泡的那壺臺茶八號。

味濃湯清帶玫瑰香

臺茶八號，茶味濃厚，茶湯清澈艷紅，品來帶有玫瑰香，產於臺灣魚池，承襲印度阿薩姆大葉種的濃郁甘醇。那次拜訪日月潭沒有看到明麗的湖光，整整三天都瀰漫著淡淡水氣與雲霧，以至於我回想起整趟旅程時，也始終不分明。潭水蒼茫，霧氣朦朧，唯一明晰的是一排排安靜的茶樹，陰雨天裡，老茶廠旁，遠遠傳來的鳥鳴像一滴滴晨露，悄然沿著新芽滾下。那罐茶葉，便是那次旅行帶回臺北的，把它托在掌心時，就好像托著整個湖泊的水氣，托著土地的溫暖與分量，每當我拿出臺茶八號，就會想起那天潮溼的土壤氣味。

我喜歡乾燥的茶葉摩擦鐵罐的聲音。那些群聚在黑暗鐵罐中的皺縮葉子，被倒出來的時候所發出的沙沙聲響，彷佛正竊竊私語，回顧從枝梢被拈下之後的種種命運——被輾壓、被灼燒，再封入黑暗之中，而黑暗彷佛沒有盡頭。它們猜測這次重見天日後所有可能發生的事，並且懷抱著空無的希望——是否還能再回到溫暖多雨的山林，無憂無慮的做回一片剛萌芽的嫩葉？它們也會想念土壤的熱度嗎？

我拈起輾壓成條的深褐色葉子，僅憑觸覺已感覺不出它們的能量，乾枯、皺縮，已不是當初與我相見的青翠茶樹。葉子的氣力已全然風乾，只留著最後一絲殘存的生命力，留著，等待沸水將它們生命的能量全都逼出來，最後的力氣在沸水澆下那刻，驚覺躍起的那一瞬，而後，在沸水中緩緩地下墜。

皺縮葉子舒展重生

燙開蜷縮的葉，葉脈都舒展開來了，像因寒冷蜷縮著身體後，歡天喜地迎接溫暖的到來，它們是一朵朵從冰雪中重生的花，枯綠色的，寂寞的花。那些嫩綠的記憶好像已經是很久以前的事了，茶煙裊裊，在空氣裡畫個故事，高山、寒霧、清晨，和那些新生的記憶（奮力從枝梢掙出、慢慢舒展葉脈、深情凝視著遠處的山影，空氣是如此清冷透明呵），但是現在天空被杯緣畫了個圈，僅能從這裡窺視和懷念。

瀝乾茶葉，反覆沖泡了八次，茶湯才漸趨透明。枯綠色的茶葉顯得潮溼疲憊，憊懶的癱在茶壺的底部，我反覆掏摸、搖晃與敲打壺底，才將一團團猶溼熱的茶葉倒進水槽，「咚」的一聲。這就是茶樹一葉的生命歷程了吧，它們離開故里，帶著全部的記憶來到杯中，再將血緣賜與的精華與天賦，毫無保留的給予。

在溫熱的茶香裡，我回想起那段朝九晚八的上班族生活，對於生命感到寂寥而全無期待。困在狹小的辦公桌，三道隔板就是整個世界，那時我的世界只剩下數尺見方，我那時才明白，規格化的世界原來這麼窄小，小得連筋骨都無法自由的伸展，我只能蜷縮在這裡，度過每一個早晨與黃昏，知道自己終將如此老去。生活的軌跡日日反覆，在生命中蝕刻成一道寂寞的疤痕。忠孝東路每逢上下班時分總是壅塞，無數的車輛像一隻隻大大小小、顏色繽紛的爬蟲，我彷彿可以聽見它們爬行擠壓而發出的輕微摩擦聲，壅塞得彷彿要疊往彼此身上。我在某隻大蟲的腸腔憩室裡吧，在公車上，我總是這麼想。我喜歡望進鄰車的車窗，興致高昂地看著其他上班族疲憊木然的神情，或是居高臨下的看著機車騎士在車陣中亂竄，這已成為我生活中的變化與樂趣。

待見天日的罐中茶

在某個日落之後，公車路經景福門圓環，我瞥見一輛計程車，車門上印著「張劍秋」。我突然覺得這個名字好熟，彷彿曾經看過。我有個預感，這名字應該會是一場奇妙際遇開始的契機。這個名字立刻在我腦中素描起來——張劍秋，應該要有一把大鬍子，長髮飄飄微微挽起，很有仙人的寫意味道，而我也可以從此羽化登仙，脫離無窮盡的生活迴圈。從我的角度只能看見他的後腦杓，燈光昏暗，我看不清他的臉。兩臺車保持不前不後的距離，正適合我的窺視。中正紀念堂前昏黃的路燈描出輪廓，人影的邊緣鑲著一圈白光，張劍秋成為發光的黑影，我始終凝視著他。總統府的燈火終於照亮張劍秋的臉，我直起背，仔細端詳。那是一個隨處可見的禿頭中年男子，肚子還因長期久坐無可避免的鼓凸起來。我靠著車窗，側過臉，霓虹燈的雜光從我臉上慢慢游過，我知道自己依然在黑暗的茶葉罐裡，被編上阿拉伯數字（沒有用處的七年級生，員工編號000878），荒蕪終究還是這裡最盛開的花朵。

奇異的連結與默契

昨夜煮茶，把那罐臺茶八號給用完了，我想買到一模一樣的茶葉，便馱著秋天日光，走過臺北市的街頭。

以秋天而言，今天的陽光是稍烈了些，像把餘熱全釋放出來，要人們向溫暖做一個完整的告別，並預告著之後整整三個月份的寒涼。不知今天是初一還是十五，路旁有戶人家正在祭祀，一名老婦拈香而拜，小小的騎樓裡輕煙繚繞。焚燒後的冥紙焦黑易碎，蘊著橘紅色的火光，在氣流中隱隱振動，像展翅的鳳蝶，鱗翅折射著鮮豔的彩光，卻一振翅就風化成沙。

我走進安靜的茶行，在櫃前仔細端詳臺灣出產的各種茶葉，珠露、風眠、東方美人、松柏長青，我小心地讀著它們美麗的名字。老闆今天泡的是金黃清澈的鐵觀音，茶香能夠安撫躁動的情緒，就像茶葉，緩緩沉澱壺底。

我拿了一罐老闆推薦的鐵觀音，又拿起一包臺茶八號。自從我在魚池鄉與臺茶八號相見後，我與它之間，便有了奇異的連結與默契。

被世界輾壓，與同一批被摘採的同伴，肩並肩的塞在黑暗的縫隙裡，懷念初生的美麗時光，而後不可避免地萎縮老去。只是，在消亡之前，還有沒有機會，全然釋放壓縮在自己無力肉身中的強大能量，用力的一躍而起，把全部的自己不顧一切地呈現，即使杯子裡的天空那樣狹小，也想用力地舒展自己，狠狠地開花。

原載於《中國時報》人間副刊，二〇一五年四月十四日

茗仙子

周芬伶

臺灣屏東縣潮州鎮人，早年曾以「沈靜」為筆名，政治大學中文系畢，東海大學中文研究所碩士，現任東海大學中文系教授。著有散文集《周芬伶精選集》、《花房之歌》、《戀物人語》、《汝色》等，小說《世界是薔薇的》、《影子情人》、《浪子駭女》，少年小說《醜醜》、《藍裙子上的星星》、《小華麗在華麗小鎮》等，文學論著《豔異－張愛玲與中國文學》。曾獲中國文協散文類文藝獎章、中山文藝散文獎、吳魯芹散文獎。

車至「晉遠堂」，主人賴桑與夫人在門口相迎，日式的木拉門，一入門茶葉香氣撲鼻，我不禁說：「好香！」這不是一般茶葉店的混雜香，而是老而純的古香，布置陳設相應的古雅。我們相約喝茶，卻是初次見面，我獻上一盒巧克力，友人的贈禮是我的新書，我猜這個想出書的茶人，想跟我結文字緣吧！

喝茶喝到想哭

我喝茶粗魯，一向是大馬克杯泡一袋裝紅茶包，喝到無味為止，數十年不變，對手續麻煩的事向無耐心，尤其是功夫茶或現在流行的茶宴。喝茶嘛，愈便利愈好。

落座之後，主人自動泡茶，他雖白髮稀疏，臉孔圓潤有雅氣，夫人倒是髮厚額上一坨霜，很是醒目，有原民的深刻輪廓，她自稱茶童，嫻熟地準備開席。第一泡是大葉烏龍，我沒細心體會，倒是跟著他的茶序走，先聞香，再換杯喝茶，他說畢生對茶的體會很多，可惜知音寥落，他說這大葉烏龍根深一米六七，個頭也是一米六七，種植困難，喝來氣味很嗆，常被認為是劣品，賣不到好價錢，然茶主卻要三倍價，他第一次喝到這品茶，就問茶人在哪，他全要了。茶人是個怪人，執著這艱難的茶路，不久得舌癌死去。「每當喝這品茶，我總想到他，他的堅持與死亡，現代人絕做不到。」帶著情感品茶我懂，愛講故事我更懂，但只覺茶味普通，其實是不經心。

主人說喝茶要觀心觀氣，嗅覺開啟神祕之門，味覺更靈敏，這時要觀察氣往哪裡跑；第二泡茶是小葉烏龍，我才定下心來聞茶香，鼻子深入杯口深呼吸，先是氣味渾沌，再吸有股刺鼻味，就是賴先生說的「苔味」，只有老叢才有的土木混香，然後釋出一股奇特的幽香，我脫口而出：「像肉桂。」主人的眼睛發亮說：「對，就是肉桂。」然後他比著兩頰，「氣從鼻梁自兩頰而下，肩頸自然放鬆，下垂，你感覺到了嗎？」我正想這是不是心理催眠，主人卻說：「有時我常想這是不是主觀的幻覺，然而許多人都有同樣的感受，你也可驗證。」我是覺得放鬆，但不到雙肩下垂的境地。第三泡是清流澗大紅袍，很好的岩茶，我不覺得自己嗅覺敏銳，深沉地聞了幾下，香氣濃烈，但愈來愈發散而富於層次，其中有股熟悉的味道，「有沉香的味道。」這時主人神情激動說：「是木質香，因是老叢，有很重的木頭香，接近你說的沉香。它的茶氣濃烈華美，喝來卻圓潤異常。」天哪！我是亂猜猜中的吧？這時感到鼻梁發熱，說：

「氣在鼻子，而且往上衝。」他點點頭，這次沒說話，我覺得茶味真的滑順，口中生津，最奇妙的是氣整個在眉眼之間晃蕩，我說：「想哭！」主人的眼眶泛紅：「每當人生困頓的時候，我都是用喝茶度過，它治療我的病痛，還有創傷。」喝茶喝到想哭，這種境界是我從來想不到的，常聽到酗酒，現在我相信酗茶。賴桑這時說：「你的臉發紅，這是好現象。」

我說：「本來頭很痛，現在好了。」

友人提醒我們該走了，驚覺在這裡已近兩個小時，這時主人說：「那來最後一泡吧！」這時也捨不得走了，最後一泡是老普洱，這個茶我有點懂，在香港住半年，學會喝普洱，進茶店就買那最貴的散茶，喝來無霉味就算好茶，主要是不影響睡眠。眼前這從茶餅掰下來的三十年普洱，聞來在霉味之後有股若有似無的氣味，帶點猶豫說「香灰」，主人雀躍就快手舞足蹈，說就是客家人說的「火灰味」，我是不是該去抽樂透？我沒什麼品茶經驗，沒想用心也能猜中。

成住壞空之旅

這茶氣在心腹部溫暖地包覆，茶味清透，沒有霉味，剛聞香時有霉味啊，主人說：「你沒注意換了杯子，老杯有過濾的作用，確實是清透。」瓷器我懂一些，要他找出最老的茶杯，他拿出的杯子有元青花的風格，我摸摸圈足很粗礪，便說：「新仿的。」賴桑問：「到清？」

我回：「不到。」他拿出另一只彩瓷，看釉色器底，我說：「這個老一些。」「到清？」「清末。」「是同治。」哈，我又猜對了，我們就用同治的杯子喝老普洱，喝至醺醺然如酒醉。

這趟氣與味之旅恍如一山過一山，風景各有各的殊異，剛說到「香灰」這一詞，心頭一震，原來這四泡茶是有設計的，就是成、住、壞、空的歷程，心到成灰便死寂，我們都沉默不語，一切絕響與結束都應該是這樣。

那過程太像夢境，我真的可以憑自己的力量抵達？隔日晨起泡了一小壺昨天的小葉烏龍，用老杯子喝，我收集一堆老瓷器原來就為今天，聞香時還是柔美的肉桂味，喝時氣在眼鼻之間流竄，茶人的至福就是這樣吧！用心必有所得，純淨乃一切極致。

傍晚找出前幾年老廈門送的大紅袍，以前不識貨，當晚用玻璃杯喝，並不覺得特別，回臺便當伴手禮送人，現在僅存一小撮。我坐在躺椅上，泡好茶後聞香，是古樸的沉香味，這茶放得夠久，茶氣驚人，竟然氣衝百會，百會穴英文作「快樂頂」，我在快樂之頂盤旋，不久淚下。

我想如實地記述這一切，沒經歷過的人必然以為這是誇大。

我無法理解大紅袍的威力，後來查資料，原來大紅袍還有治病的功能，尤其是「驅風濕，活血」，便再購入一罐大紅袍，茶商說是半年前買的，放了半年也可將就，此後晨起必來一泡，這品茶有濃郁的蘭花香，在陽光下，泡開的茶呈紅、綠兩色交織，很是特殊，喝來依舊是氣衝百會，如此一、兩週，我的乾燥症有緩解的現象，口中生津，稍有濕潤感。喝完茶寫文章特別酣暢快速。

我跟茶的緣分結得太晚，但也必須等到這歲數，孩子長大，接近退休之年才能洗去俗慮。茶中有十三宜：一無事、二佳客、三獨坐、四詠詩、五揮翰、六徜徉、七睡起、八宿醒、九清供、十精舍、十一會心、十二鑒賞、十三文僮。十三宜中，我除了詠詩不行沒有文僮，最起碼的無事與獨坐是擔得起。

關於喝茶之妙，我最同意盧仝在〈走筆謝孟諫議寄新茶〉詩中寫的：「一碗喉吻潤，兩碗破孤悶。三碗搜枯腸，唯有文字五千卷。四碗發輕汗，平生不平事，盡問毛孔散。五碗肌骨清，六碗通仙靈。七碗吃不得也，唯覺兩腋習習清風生。」所以我喝茶只五泡，一泡約一碗，雖不至通仙靈，然亦覺全身肌骨被茶清洗過。

感謝賴桑引領我喝茶，醫病又醫心，茶道我不懂，然而茶人合一，只要喝出大快樂，人人都能領受。

原載於《自由時報》自由副刊，二〇一五年六月十七日

大正夢幻

侯力元

1987 年生於高雄市，高中開始打爵士鼓，就讀世新大學中國文學系時，發表論文研究閃靈樂團的神話思維，對流行音樂與文化有深刻的見解。因為論文研究之需，頻繁出入幾間老字號的搖滾酒吧，漸漸地對調酒產生興趣。陰錯陽差應徵了酒吧的外場工作人員，又被逼得以兩個禮拜的速度，迅速成為吧檯擔任調酒師助理，從此踏上了立志成為調酒師，亦不忘發揚調酒與品飲文化的傳道者，宛如羅馬時代晃蕩在草原上的巴克斯們之一員。

谷崎潤一郎、菊池寬、芥川龍之介，如果有一天——或許真的有過那麼一個春雪方銷的夜裡，長屋鱗次的路地小巷，這三個人曾經醉醺醺地走在一起。你不免會想要好好地考究一下日本文學史，這三個人是否有過不為文壇所知的羈絆，促使他們在那個時代裡相會，而成莫逆。

又或者，濃稠的深褐色咖哩飯、酥脆厚實的炸豬排、小巧可人的可樂餅，當然還有作為配飾的小番茄對切與高麗菜千切。當這三道菜同時羅列在餐桌上的時候，使你想到了什麼？只是單純的日本料理，還是隱喻了擅於模仿的民族特質？

從便利商店拿了一罐平常很少喝的可爾必思，必須想到什麼？

你甚至沒想過，電視上那些搞得你捧腹大笑的吉本興業藝人；或是讓女性朋友每逢周年慶便趨之若鶩的資生堂；深夜時分總是要來叨擾靈魂，翻攪寂寞的三得利；乃至於你現在從桌前起身，往每個人的書房客廳，或每間廚房辦公室轉過一圈，那些環伺在身邊的Panasonic——你未曾在意這些人事物，除了國籍血統之外，還有更貼切的關聯與相通；你只是恍惚地以為大概每個人多少都犯了一點哈日的毛病，在食衣住行起了迷思：「日貨的單價雖然都偏高，然究其品質，必也能成正比乎！」

這些聞名遐邇的人事物，都是成就於一個偉大的時代，並且奠基了接下來昭和六十餘年之洋化，雷厲風行；這些人事物，備受日本人呵護，更得到國際的寵愛。那不僅是單純的哈日，而是對歷史本身散發的光暈的倚靠，通身拜倒在那本來可能會很短促，但卻異樣地悠長的企業發展史之中。有哪一間企業做到永續經營得像日本這些老商號一樣，而且還能持續在國際間發光發熱呢？

這是大正時代的瑰麗與浪漫，毋寧說，更是一種夢幻。從食品飲料業，到美妝業電子業，甚至是娛樂演藝圈，大正時代開創並豐厚了一種獨有的精神與美感，是那種從明治時代以來的和洋交雜，但又不會過分突兀的姿態；你也許很難意會出究竟是什麼樣的風貌，才能稱作是大正的浪漫與夢幻，那麼，不如用女人的裝扮來解釋吧，畢竟女性是最能代表整個時代的。大正時代，她有著上海租界與英殖香港的那種韻味；她上街的次數也比以前還要頻繁；她的腳步又大又快；她的一顰一笑都如銀鈴般爽朗，而且她不介意討厭或喜歡一個人；和男人一起出席各種酒會舞會，也是一副理所當然的樣子；甚至穿得更誇張、笑得更大聲，比男人還要搶鋒頭。

只要把上海女人的旗袍與燙捲的波紋長髮，換成和服，然後替她紮上新潮的耳隱、束髮等髮髻樣式，這，就是一位名為大正時代的完美女子了。

也是這樣的時代，不只女人有了性格，飲食文化更是。傳統的清酒已然滿足不了吃著三大洋食：咖哩飯、厚豬排、可樂餅的日本人；加了糖漿香料的假葡萄酒也騙不了品味甚高的日本人，於是，日本威士忌的出現，幾乎是命中之注定，歷史之必然了。日本威士忌始於大正晚期，和《文藝春秋》同庚，老家從事清酒釀造的竹鶴政孝，不僅從蘇格蘭帶回了他的妻子麗塔，還一併攜回了正統蘇格蘭威士忌的製作方法，從此揭起了日本人飲用威士忌乃至於一切洋酒的開端。

不知道《文藝春秋》的研討會或審稿編輯、慶功送迎等諸大小宴會上，是否也曾酌過這第一瓶日本威士忌？有沒有哪個作家是這麼醉在橡木桶中，從而寫下他膾炙人口的名篇？得把竹鶴政孝與他的妻子麗塔，從那和洋混雜的浪漫風華中拉出土來，才能仔細地問個清楚：「你們有誰看見直木先生來買酒嗎？」

大正時代，雖然開啟了庶民洋化的先驅，可就是這樣的時代裡，竹鶴政孝與蘇格蘭妻子麗塔的異國婚姻並不順遂，清酒小開跑去釀洋酒的構思更一度成為家鄉眾人的笑柄；總要等到第一瓶威士忌出桶了，他們夫妻倆那看似傻瓜的行徑，才有機會在短促的大正時代中，替日本的酒業文化留下深不可抹的足印。大正是日本最短的時代區分，較諸平安、鎌倉、安土桃山等時代，雖然只有十五年，但是大正與中華民國同時起，又與孫中山同時殞，短短十五年間，與中華民國相較之下，發展成果竟有百歲順逆之差，能不教你嘆息嗎！

在一個機緣巧會裡，不只喝上一口絕蹤的竹鶴十二年，還來得及碰上余市、宮城峽的出廠，甚至在純飲之外，也淺嚐並且試著調過了日本威士忌的專屬酒譜——就像教父要用蘇格蘭威士忌、波本可樂要用波本威士忌一樣，在日本威士忌問世超過八十年的歲月中，也發展出獨有的調酒酒譜了，這樣傲然全亞洲的氣勢，無怪乎縱使國人酒量不佳，日本的大小酒業卻可以如此發達。

同彼時也，廣袤的中原土地上，人們四處逃竄，你也是，做著跟唐宋明清四代皇帝一樣的事情。不知道哪一天可以停下來，分不清哪一邊是好人，渾渾噩噩地走過了幾十年空白，惟有砲火聲繽紛燦爛的歲月；以至於根本也弄不清楚，今天擺在眼前的這些器物也好、事項也罷，凡來自東洋的所有，究竟是如何完成於那個明明人人都忙著啃樹皮、燉人骨、穿死人衣服、搶老弱婦孺的平行日子。天曉得，世界竟是如此公平，羅生門前的蒼涼恐怖，一千兩百餘年後重現中原。

明治時代摺倒亞洲兩個最龐大的封建舊帝國，那麼，承接在後的大正時代，當然就要與那些跳出了封建制度，同樣推翻古老帝國的列強們為伍，喝一樣的酒，吃一樣的肉。日本人自從被培利的黑船嚇出了嶄新的國際觀，就再也回不去那種動輒切腹殉國的價值觀了；或者也可以說，數百年前的戰國時代，下剋上的風潮讓固有的封建體制崩解，讓本來也是君君臣臣父父子子的日本人領悟到，強弱高下，從來不是穩固不變的堅定關係。

在那之後切腹的惟有一人：戀慕著大正浪漫的三島由紀夫。

你喝著特調「麥之唄」，用宮城峽單一麥芽威士忌，配上了日本三得利的葡萄利口酒與哈密瓜利口酒；對著這十五餘年的大正夢幻，和十五餘年的軍閥亂政時期，你若有所思。

日本曾經是你的敵手，如今卻遠遠地將你甩在背後，你必須反省，痛定思痛尋求突破。特殊口味的日本利口酒，早就取代了法國西班牙美國等列強出品的老牌利口酒，MIDORI 那樣，輕輕鬆鬆占據了各大小酒吧夜店，甚至還有店家設置了專區，發明各種專屬調酒。

然後是基酒。當竹鶴政孝決心自己釀造威士忌的那一天起，日廠威士忌就帶領著日本酒業文化，朝向全世界跨出了一大步。

有沒有什麼辦法，讓你的島嶼也開始釀自己的酒？這個問題不是很困難，因為蘭陽平原的確有一間完善的威士忌酒廠，但眼見一支新生的島軍就要崛起了，你卻聽到令人灰心的消息是，島上的威士忌酒廠沒辦法像余市或宮城峽那樣，往水甜樹幽的深山裡發展；島上的威士忌酒廠，依照法規，只合與罐頭工廠、魚漿工廠、素料工廠同呼同吸一片食品工業園區的煙囪管；長時間的高溫效應，島上的威士忌熟得亂七八糟，能出桶的若非計算精確，可能還要靠著兩分天意。

那麼，你一邊喝著我為你而調的「麥之唄」，去懷念那個不曾降臨於你的大正時代，也是情有可原的事情了。

原載於《聯合報》聯合副刊繽紛版，二〇一五年十二月十四日
後收入《微醺告解室：一名調酒師的思考與那些酒客的二三事》，臺北：二魚文化，二〇一五

品味

秋天午后的大閘蟹

高自芬

出生於臺灣基隆，臺灣大學中文系畢業。曾任教師、雜誌編輯，目前自由寫作。作品曾獲時報文學獎、梁實秋文學獎、蘭陽文學獎、花蓮文學獎，國家文化藝術基金會散文及小說創作補助。著有散文集《吃花的女人》、《表情》、《太魯閣族抗日戰役》(合著)及插花小品《花顏歲時記》等。

有時是兩顆瓠瓜。

有時是一綑青菜。

曾經還有一口氣開了五蕊的紅色孤挺花；但今天我從菜市場回來，爬上樓梯，門口赫然一個微微歙動的草籃。

打開，大閘蟹蠢蠢欲動，爪子還抓了一張紙條：「謝謝C醫師，仁心仁術，幫小兒開刀治療。這是自己養殖的大閘蟹。感謝您！」

什麼人來過了呢？

我把籃子提進來，看著這生猛的禮物——為了善待牠，就請附近小吃店熟識的大廚幫忙料理，犒賞一下病患感謝的C吧。

幾個鐘頭後，牠上場了。

牠是驕傲的螃蟹。不像隨時要被當成桌上佳餚。而是跳上餐桌，在海藍桌布襯托下展示傲人的線條。兩隻螯好像故意折得彎彎的，雖然殼很硬，但也有溫柔的弧度，鮮橙色澤彷彿正紅著臉擁抱太平洋昇起的陽光。

已經過了午餐時間，店裡沒什麼人。C還沒到。

等他出現時，往往飯菜都涼了。

就像現在，光從側面照過來，我們倚著餐桌和大閘蟹一起被打亮，八支肥碩的蟹腳每支都飽含Q韌的肉質纖維，輕輕攫住午后斷斷續續的蟬聲。

「年輕人被送來時身上插著大拇指粗的鋼筋，」C擦擦額前汗水，描述剛才的急診。「鋼筋兩頭外露，從右側腰部戳進腹腔，從鼠蹊部穿出來；很幸運，沒有傷到大血管……」

經過一連串X光、CT檢查，緊急手術把腸子壞死的部分切除，清創，小心取出鋼筋，大量食鹽水沖洗腹腔後放置引流管，縫合傷口，然後給予強力抗生素注射，轉送加護病房觀察。

「當時病人神智清楚，但一臉驚慌，看得出……很痛苦啊！」

C望著窗外搖晃的樹葉，眼底閃爍像葉間篩落的微光。光線長長地拉出去，彷彿已完成了病患的託付，將他們內心期望的那股熱能延展開來，化為生命的力量。

這時，小吃店的老闆忙完了過來招呼，笑著說，大閘蟹清蒸最好了！鄉下地方沒什麼調味料，只有工研烏醋，我加了一點醬油和糖，你們試試看！

經過巧手調理，烏醋一湊上來，滿滿一股撲鼻而不刺鼻的香氣，立刻喚醒味蕾，吃大閘蟹的感覺來了。

我把螯拉鬆、扭下，掀開尖尖的臍蓋，拔掉一條條白色的腮折成兩半，露出蟹殼裡的蟹黃。金黃的氣候剛使牠成熟，隱隱散著烈火。趁熱大口一吸，飽滿的蟹膏綿綿密密，彷彿混合了海膽和鵝肝，幾乎把唇舌都黏在一塊兒了。

聽說蟹黃膽固醇很高；我們已經吞下今天降膽固醇的藥了，放心地用剪刀把蟹腳剪開，剔出蟹肉，再用螃蟹夾夾碎大螯，挖出肉條沾點醬料，輕輕啜一口陳年紹興。我貪心地翻轉蟹殼摳出膏黃，嘖嘖吮著手指頭，一股鮮味直竄腦門。

C聊起某位開業醫同學，妻兒都在國外，長久以來扮演著提款機、視訊爸爸、虛擬老公、空中飛人。三年前突然發現肺有異聲，大驚，請老同學幫忙檢查確定沒事後，整個人活了過來。

「這輩子，到底做了些什麼呢？」

同學寫好遺囑，回想幾十年來的「臺獨」生涯、天倫疏離、孤單老人……，說著說著，C眼眶突然有一點紅。

牆上的鐘敲了三下，滿桌蟹殼像被拆下來的尺寸不合或品質不良的面具，散在桌面上。曾經，鉗子一樣緊緊ㄍㄧㄥ住自己身體的螃蟹，去了更好的地方。而那肉質緊致，恰到好處的甜味，恰到好處的韌度，讓我們飄浮在一個夢境，遁入一座秋光燦爛的花園。

窗戶飄來初秋的微風，涼涼的感覺好舒服。

忽然我想起一件事。

那時候，新婚的我廚藝不佳，經常把菜煮得太鹹；C端來一碗開水，每挾一口菜就放進去漂一漂，送入口中：「嗯！好吃！好吃！」——是因為這樣嗎，鹽巴浸漬了他的舌頭，呆呆的，從此吐不出甜蜜的語言？

而所有夏日惱人的煩躁鬱悶，都到此止息了。

兩個人互相在身上看到這樣的時候：「吃飯了！」「吃藥囉！」「趕快睡覺！」像殘掛枝頭的葉片搖晃在風中互相取暖，有時候互相取笑；「如果沒有了身體，愛又有什麼用呢？」我說。「如果沒有了愛，身體又有什麼用呢？」C說。

我們都笑了起來。

「啊！太好吃了。以後沒有性生活也無所謂了！」

一位朋友曾在吃過東海岸的鹽寮龍蝦以後，大聲喊著。

C也會吐出這句話嗎？

還好，一直到口水滿溢，蟹殼滿桌，C只是安靜地吮著手指頭，偶爾抬起眼，對我輕輕一笑。什麼都沒有說。

原載於《中國時報》人間副刊，二〇一五年二月十二日

食客

鄧榮坤

一輩子與文字為伍，得過一些文學獎與音樂小獎。在新聞媒體（雜誌、出版、報紙、電視）闖蕩多年，也曾經在教師、縣長辦公室祕書這一行，耽誤一些時間。

換了很多工作，頭銜不少——鄧記者、鄧總編、鄧主任、鄧經理、鄧副總、鄧老師、鄧祕書、鄧大哥與鄧先生……目前，仍勞碌於賣字維生的差事。

路過桃園海邊，遇見了整片黃槿時，年少記憶就像防風林外的浪濤，陣陣竄進腦海，因為黃槿樹開花了，淡黃花蕾於烈日下會隨著陽光的濃淡而轉色，清晨時的黃花於日落時就變成了磚紅色的花。

這種現象十分奇特，也很少見。磚紅色的花謝了，不久，星星也就浮上夜空。在美麗的夜空下，年少的孩子經常捧著熱呼呼的菜包，坐在曬穀場或爬到曬穀場邊的黃槿樹上，一邊吹去自菜包裡竄出的熱氣，一邊咬著有點燙嘴的菜包。

燙嘴，是非常過癮的滋味。

菜包涼了不好吃，有點燙嘴的菜包才能吃出這玩意的風味！

黃槿，有許多名子，如糕仔樹、粿葉、古老仔。巴掌般大的黃槿樹葉，橢圓如心的形狀，非常適合作為菜包的襯底。小時候，每當聽見母親拉高了嗓門喊叫「別貪玩了，幫媽媽割一些古老仔葉，洗乾淨」時，我就知道待會就有菜包可以吃了。

黃槿的葉子非常乾淨，背面淺灰白色，密密的長滿了茸毛，摘下後，用清水沖洗幾回，就可以派上用場，由於葉子如巴掌大，剛剛可以承載一個菜包的體積，不像月桃或野薑花葉般，長長的，要經過裁剪才適用；而為避免菜包或紅粄會粘在葉子上，我們會在葉上子上先抹一層豬油或沙拉油，再擺上菜包，蒸熟後，多了一層薄薄的油，吃起來別有一番滋味。

黃槿，是沿海地區常見的喬木，許多人與它擦身而過，至今仍不知道它的名子。雖然如此，仍無損於在我們童年記憶中的甜蜜印象。不久前，曾經以黃槿花為主題，寫了一首歌——黃槿花。

黃槿花黃槿花，佢係海唇个花，種規排做風圍，毋驚風飛沙，
親像爺娘吃苦耐勞个精神，毋驚風時水，歸日企在日頭下，艱苦涯來背。
黃槿花黃槿花，佢係祖先个花，種地豆種西瓜，做到猴爬沙，
想起兩手空空唐山來臺灣，一垤細菜脯，半碗糜倨準飯扒，篤實來傳家。

黃槿是生長在海邊的喬木，當地人種了整排當作防風林，因為它無畏風沙，也不怕風雨襲擊，這種情懷就像渡海來臺的客家族群之篤實傳家的精神，生活的苦，熬了過來，經常靠著一小塊的蘿蔔干，配半碗稀飯過一餐。之後，生活改善了，開始在米食中變化花樣，吃出了客家族群食的文化，也豐富了這塊土地的活力！

客家人是漂泊的族群，為了生活與生存，多年以前就逐浪來到了臺灣。臺灣的西部海岸遼闊，只要風平浪靜，可以順利登岸，於是，客家族群在西部海岸因靠岸地點的不同，散居於各地。當時，為了適應環境，曾經在島內進行二次移民，為了生活，有部分弱勢的客家人被福佬人同化，形成了現今北、中、南三地客家聚居地以及花東縱谷散居的特殊生活狀態。渡海來臺的客家人，以務農為生較多，也以米食為主，逢年過節經常會以自家收成的米製成各式點心，敬神拜祖先或招待親朋好友，而客家米食文化應運而生，其中最具特色及代表性的便是客家菜包。

菜包，不起眼，也無特色，為何會成為經典的客家傳統美食？

原來早期的客家庄，在二期稻作收割之後，空下來的農地不會讓它閒置在那裡，於是，會找一些東西來種植，增加家庭收入或有效活化農地，於是，大部分的客家婦女就會利用春耕之前的空檔，在田裏大量栽種蘿蔔，也會利用手邊的食材，發揮創意製作出各種美食，於是，客家菜包逐漸成為客家庄風行的美食。

印象中，如拳頭般大菜包，模樣長得與餃子有點相似，胖胖的，肚子大大的。直到去年，繞了一圈桃園的客家文化節「客家菜包」比賽競技會場，發現菜包的模樣比我想像中的還要多，除了傳統白色菜包外，我看到了各種顏色的菜包，除了傳統造型菜包外，也看到了南瓜造型菜包、蓮霧造型菜包、柿子造型菜包、黃色小鴨造型菜包……菜包以多元面貌呈現，的確讓我開了眼界，也分享了婆婆媽媽們的精湛手藝。

難怪上了年紀的母親，看了熱騰騰的蓮霧菜包時，還以為那是真的蓮霧，發出了驚叫聲：蓮霧也可以蒸熟吃喔？

菜包，因為形狀像豬籠，有些地區的客家人稱它為豬籠粄。

粄，亦即閩南人所謂的粿。客家人的粄種類非常多，如紅粄、發粄、蟻粄，每一種粄都蘊藏許多生活的悲歡；而豬籠粄最原始是一團的白色的粄而已，因為生活在丘陵與山區的客家人外出工作時，經常將它帶在身上當作餐點，久而久之就演化為包餡的菜包。

添加了餡的菜包，口味也越來越多，從傳統的蘿蔔絲菜，至近幾年來的多樣化餡料——生蘿蔔絲、竹筍、酸菜、芋頭、素食、肉餡，豆干、鹹豬肉，口味也越來越豐富，讓許多上了年紀的婆婆媽媽們有點不太習慣。

因為料太多了，少了菜包應有的樸實，卻多了一些虛華。

母親抿著嘴說。

菜包，少不了蘿蔔做餡料。

蘿蔔，俗稱菜頭。經過醃製曬乾後，稱為菜脯，客家餐廳裡用菜脯炒雞蛋，一直是熱門的家常菜；而常見的菜包餡料為切絲的生蘿蔔絲、豬肉、蒜苗、香菇、蝦米、胡椒粉；其中最為關鍵的是白蘿蔔絲，這是削皮後的蘿蔔刨成絲狀後，放入滾水中稍微煮一下，去除辛辣味道。

從年輕時候就開始做菜包至今的母親，仍然記得菜包的做法，她說，傳統作法的菜包，粄皮是糯米、蓬萊米分量各二分之一，糯米太多，做起來的菜包會太軟，菜包容易變形，如果蓬萊米太多，菜包比較硬，吃起來就沒那麼軟Q了。包餡後，蒸的火侯、時間很重要，過程中必須多次掀開蓋子，粄皮才會Q嫩。

做菜包時，粄團要揉勻，蒸的過程中，必須多次掀開蓋子，粄皮才會Q嫩，下鍋前每個粄下都會墊一片黃槿葉、月桃葉、野薑花葉或柚子葉，蒸的過程中，葉子的香氣隨著鍋中的熱氣而沁入粄皮，吃起來也特別清香，每一種葉子的味道都不一樣，吃起來別有一番風味，也難怪有人說，菜包好吃，在於底部墊著的那片葉子。

除了菜包之外，麻糬也是客家人最常食用的米食。

麻糬，客家人稱為粢粑，客家族群不論婚喪喜慶、廟會慶典都會以粢粑來宴客。粢粑的製作簡單，是將糯米浸泡後，利用機器磨成漿，再以大石塊壓去水分後，將含水量低的糯米塊用飯甑蒸熟後，放入「舂臼」裡搥打，兩人用「舂臼槌」一上一下輪流捶打，為打得匀稱，另一人則在舂臼裏將粢粑不斷翻轉，讓每一吋粢粑都能均勻受力。完成之後，以手搓揉成拳頭般大，放進鋪滿花生粉與砂糖的盤子裡，讓親友們沾著混了砂糖的花生粉一起吃，口感香軟而有韌性。

隨著科技的發達，機器的研發，取代了現代人的忙碌，兩人用「舂臼槌」輪流捶打粢粑的景象也越來越少見了，機器與手工搥打的粢粑有何不同？坦白說，我分辨不出來，反而是上了年紀的母親，只需用筷子挑一點丁的粢粑，置於指尖搓揉，或放進嘴裡舔了幾下，然後，八九不離十地告訴你——這是機器做的粢粑！

母親說，手工搥打的粢粑比較綿密，比較粘，而機器搥打的粢粑，看上去是軟Q軟Q的，吃起來的口感比較粗糙，沒有傳統粢粑經過舂臼槌打過程中洋溢出來的那種香味。

年少時，經常會尾隨父母親參加許多客家庄的宴會，在還沒上菜之前，幾乎都會有長約半小時的「點心時間」，只見主人家們端出了已經揑成如拳頭般大小的粢粑，粢粑大部分是擺在長方形的鐵盤上，鐵盤底部鋪了一層厚厚的混了糖的花生粉，花生粉上則出現了兩三團的粢粑，熱情招呼著親友們盡情享用。

此時，你會發現許多人圍在粢粑的周邊，手持細長的筷子，將粢粑剪成一小塊一小塊的，再放進嘴裡，臉上露出滿意笑容，好像把一小塊的粢粑放進嘴裡後，許多久遠的往事都悄悄在舌尖上逗留。當鐵盤裡的粢粑少了時，主人家會再捏幾團粢粑再放進鐵盤；甚至準備塑膠袋給親友們帶一些粢粑回家，與沒有參加宴席的家人分享。

粢粑的由來並不可考，據說是古代客家人較窮無錢招待訪客，於是將剩飯搗勻加入花生粉、糖粉變成粢粑，目前，在客家庄的粢粑仍講究傳統的口感。為何粢粑會成為客家人招呼客人的小點心？宴客時，在還未上菜之前，會先端出粢粑給賓客享用？

年輕時，經常因為用「春臼槌」輪流捶打粢粑，而經常捶出了厚厚的繭，想到粢粑，心裡頭就會覺得有點累與有點煩的母親，笑了笑說，因為以前的人生活太苦了。

生活苦，為何還要打粢粑？因為早期的生活窮困，即使是請客也沒有幾道菜，但多一道菜就多一些錢，多一些花費；一般只要端上八道菜就算是上等料理了，但主人家又怕參加宴席的人因為菜少而沒有吃飽，於是，在上菜之前會準備粢粑給親友們當點心，吃了粢粑後，容易有飽足感，等到上菜時，因為肚子裡填了半飽的粢粑，菜就吃不多了，甚至還可以打包回家，讓參加宴席的人覺得今天的菜色不錯，分量也夠！

另外，客家人俗稱的牛汶水，也算是一種不同風味的粢粑，它的配料是利用老薑汁熬紅糖煮成的湯汁，搭配一塊一小塊的粢粑一起食用，更是別有一番風味，甜中帶辣的滋味，讓許多人難以忘懷。

「牛汶水」的粢粑是有典故的，早期客家族群移民來臺時，多數是靠農耕生活，每當下田工作時，累了就會坐下來喝個茶，為了讓辛苦的牛也可以消消暑，農夫會讓牛在水邊吃草戲水，累了的牛，經常會窩在一攤水中，遠遠望去，與粢粑泡在薑湯中的模樣很像，宛如一頭牛泡在水裡。於是，「牛汶水」之名不脛而走，而牛汶水這種粢粑也特別Q，咬起來特別帶勁。

你能想像牛隻泡在水裡的景象嗎？

下回端起了「牛汶水」時，別忘了仔細瞧瞧，你會發現碗裡的這頭白色水牛，正張大眼睛瞪著你呢！

原載於《聯合報》聯合副刊，二〇一五年二月二十六日

粽子和蘇東坡

楊明

東海大學中文系畢業，佛光大學文學碩士，四川大學文學博士，曾任職於臺灣報社多年，現任香港珠海學院中文系副教授，著有：《從今往後》、《路過的味道》、《酸甜江南》、《夢著醒著》、《城市邊上小生活》等散文小說集四十餘種。

我對湖州最早的印象是什麼？其實是粽子，竹葉包裹著滾圓狹長枕頭形的糯米豆沙，混合了豬油的亮澤細膩，溫潤香甜。

而我其實並不喜歡吃粽子，童年對於應景的節日食物，我喜歡湯圓和年糕，不喜歡粽子和月餅。所以這樣一座因為粽子而使我得以知悉的城市，並沒有引起我太多遐想，如果不是後來客居杭州數年，且杭州到湖州乘坐高鐵只要二十幾分鐘，這座城市應該早就消失在記憶裡。

終於，某個午後我們來到了湖州，在瀲灩陽光裡住進一家花木扶疏院落靜謐的旅店，窗外就是翠綠葉片，清晨鳥鳴婉轉，入夜花影綽約。那時是四月，春光至美，我們沿江行，江邊有項羽騎乘烏騅馬的塑像，我竟渾然不知西元前二〇六年，項羽在吳中也就是今天的蘇州起兵，自立為西楚霸王，並在湖州建項王城。原來早在西元前兩百多年，湖州已經在歷史的舞臺上占有一席之地，楚霸王與虞姬的憾恨也染上了湖州溫柔婉約的山水顏色。英雄美人的愛情，也許不是人人可遇，家常歲月裡雲淡風輕的一盞茶也孕育自這一方水土，擅品茶鑒水的陸羽唐上元初年隱居湖州，距離項羽建城相隔一千年，陸羽在顧渚山與朋友烹茶品茶論茶，寫下《茶經》，始創煎茶法。《全唐詩》中載有陸羽一首詩：不羨黃金罍，不羨白玉杯，不羨朝入省，不羨暮登臺；千羨萬羨西江水，曾向竟凌城下來。陸羽一生詩文傳世不多，所著《茶經》則記述了唐代和唐代以前有關茶業的知識。

吃湖州粽子，理當佐茶，偏偏我開竅晚，至今飲茶，只能粗嘗其味。父親倒是喝了一輩子的茶，小時候家裡總有一壺茉莉香片，晨起便沏了，涼了也不要緊，喝時再兑上熱水。父親喜歡臺北全祥茶莊的香片，那是老店，後來我到濟南，母親說全祥茶莊更早便是在濟南，要我從濟南的全祥給父親帶一點茉莉香片回來，我卻在濟南遍尋不著全祥，問人也沒有人知道。小時候，聽父親的朋友說，只有不會喝茶的人才喝香片，我問父親，那麼為什麼我們家總喝香片？父親說：嗜飲茶者，喝到好茶自然開心，但是沒有好茶可喝時，豈不渾身不舒服？與其到時煩惱，不如不要養成這許多講究，有香片喝，也舒暢開心，不是更快樂。父親的話，我一直記得，後來也這樣生活，年歲漸長，身邊朋友有的飛黃騰達，有的安貧樂道，有的投資失利，有的鬱鬱不得志，於是住的房子、開的車子、吃的館子、玩的場子都不相同，我愈加明白父親的生活哲學。

沿江邊行至衣裳街，經過水邊橋旁有人喝茶有人下棋有人遛狗，滿樹櫻花燦爛，湖州的美雅致樸實。我們找到諸老大吃湖州粽子，這是一百二十餘年的老店了，又在丁蓮芳吃了千張包子，干貝蝦仁三鮮各種不同的餡料，包在千張皮裡，和粉絲湯一起墮入胃囊，鹹鮮溫暖。陸羽湖州論茶之後三百多年，蘇軾也來了此地，那年他四十三歲，不得皇帝歡心的他給皇帝寫了一封〈湖州謝表〉，這原是例行公事，但蘇軾卻在謝表中說自己「愚不適時，難以追陪新進」，讓看他不順眼的新黨逮住機會批評他妄自尊大、銜怨懷怒，他們又從蘇軾的其他詩作中挑出他們認為隱含譏諷之意的句子，於是這年夏天，蘇軾被御史臺的吏卒逮捕，這就是北宋著名的烏臺詩案，發生在蘇軾客居湖州時。烏臺，即御史臺，因其上植柏樹，終年棲息烏鴉，故稱烏臺。烏臺詩案成為蘇軾一生的轉捩點，蘇軾後被貶為黃州團練副使，這個職位低微且無實權，但是他在黃州烹調出美味的東坡肉，還寫下了〈赤壁賦〉、〈後赤壁賦〉和〈念奴嬌・赤壁懷古〉等名作，而黃州的歲月其實肇始於湖州。粽子還安穩地待在肚子裡，腦子卻突然閃過一個念頭，如果粽子是因為屈原而出現，那麼曲折隱約裡湖州是否也暗繫有志難伸？

午後，我提議前往太湖邊，多年前到無錫市，我和老公也曾特意在太湖邊逛了許久，那天正逢中秋，我們直到賞了湖上月光才離去，湖面波光粼粼，閃耀著溫柔而神祕的紫色。如今湖州的太湖邊竟然矗立一座月亮酒店，因為建築物的外觀為圓形而得名，不必等月升起，日夜皆在，來湖州前我在網上看到照片，便記掛著要來看看。老公興致不大，他對於陳其美故居更感興趣，磚牆雕窗，樓房庭院，探進石板地的一方陽光，花臺上盛開的紅玫瑰，近代史上多少引人懷想追思的人事，但時間流淌到二十一世紀，都不影響銀色的巨大樓宇臨湖聳立，平靜的湖面，一派青綠闊朗，偶有白色遊艇飛駛劃破寧靜的湖面。

項羽的豪情是寂寞的，陸羽的追求是寧靜的，蘇軾是抑鬱不得志的。陳其美呢？未酬的壯志在他嚥下最後一口氣時，心裡想的是什麼？他們都在歷史的書頁留下恆久的懷想。可這懷想在此刻卻可能不如眼前龐然高聳的月亮酒店更奪人眼球。奪人眼球，大陸的習慣用語，總讓我怵目驚心，如月圓形建築的設計師馬岩松呢？我揣度他的處世哲學，他的設計理念是以臨湖地景觸發？還是以湖州人文歷史內化孕育？碧綠的湖水與竹葉，盈白的糯米與千張，湖劇婉約的情致和湖商經營的幹練，他在繪製設計圖時，心裡的湖州是什麼模樣？太湖有什麼印象？

親往湖州前後，於我增添了好些顏色，一筆一筆抹出淡彩清歡。

仔細想想，其實有很多地方最初的印象連繫著某一種食物，好比重慶麻辣鍋，成都麻婆豆腐，山東饅頭，福州魚丸，德國啤酒，義大利披薩。這連繫包含了滋味氣息，裏存著色彩圖形，原有的單純，在親往遊歷，甚或停留居住一段時日後，反而難以言說，因為印象益發複雜。不論行至何處，我承襲父親的生活方式，喝茶，茶不必好，開心自在就好，容易滿足的生活比凡事講究可以得到更多快樂，更少失落。湖州，最初的粽子，眼前的月亮酒店，兩千年前的項羽，一百年前的陳其美，還有江邊櫻花樹下牽狗散步的尋常百姓，都是人世。山珍海味有人追求，粗茶淡飯也不乏人珍惜，花葉水澤星月，願意欣賞，總有美景。

原載於《聯合報》聯合副刊，二〇一五年六月十九日

味覺的烙印

朱天衣

山東臨朐，為知名作家、教師、環境保護人士，致力於動物保護與自然環境生態保育。現任馬武督山林溪流保育協會理事長，長年站在第一線為避免原住民保留地遭財團炒作濫墾而發聲。
朱天衣是臺灣文壇著名作家朱西甯與日本文學翻譯家劉慕沙的三女兒，她與姊姊朱天文、朱天心三姊妹均為臺灣重要當代作家。
散文著作有《三姊妹》、《甜蜜夢幻》、《帶我去吧！月光》、《朱西甯的文學家庭》、《下午茶話題》、《我的山居動物同伴們》、《來世今生：臺灣山居生活笥記》、《記憶如此奇妙：朱天衣散文集》；教材著作有《朱天衣作文課（有聲書）》、《朱天衣說故事（有聲書）》、《朱天衣創意玩作文（有聲書）》等。

人對食物的好惡有時是說不準的，同樣一種食材或同一道料理，有人視作珍饈，有人卻棄如敝屣，這也許可歸為先天味覺的差異，但我以為影響最甚的是孩提的記憶，兒時的美好飲食經驗，常會讓人終生戀戀難捨，在在想回味那縈繞在唇齒間的美好滋味。

小時候，在豬隻還未被大量經濟化飼養前，所有內臟都是被視為珍饈的，那時節尚未被抗生素汙染的豬肝，甚至是被當作補品看待的。記得每當父親熬夜通宵寫稿，隔天早晨母親便會為他煮一碗佐以薑絲、小白菜的豬肝湯補元氣，那湯頭是如此誘人，常讓我忍不住在一旁看嘴，母親總會分一小碗湯給我，碗裡雖只有青綠的小白菜，但那份香氣已夠我解饞了。這份記憶讓我長大後，對豬肝、小白菜完全的無法抗拒，不管是熱炒、煮湯，小白菜永遠是青蔬中的首選，至於豬肝或滷或煮也是誘人異常，即便它早已是堪慮的食材，仍令我好難不動箸，這全拜兒時記憶所賜。

筍類一族也是令人難以抗拒的珍品，客籍母親過年時，總會以高湯熬煮筍乾，經曝曬醃漬過的筍特有一種鮮美，那天然的酸澀經濃郁的高湯潤澤後，是年節期間大啖魚肉後解膩的最佳良方，且它經煮耐熬，甚至是愈煮愈潤口，是我們家必備的年菜。至於端午後出土的綠竹筍，同樣以高湯燉煮，起鍋前撒上一撮九層塔，那爽脆清香也是讓人停不下筷子。我們姊妹仨同是筍子的擁護者，所以母親總以直徑四十公分寬的大鍋伺候，一餐就能解決二十斤鮮筍。這也使得我至今面對各式筍料理，都只有舉雙手投降的份。

自小也常聽父親說起屬於他的鄉愁滋味，醋溜雞子兒加些薑末可解想吃螃蟹的癮（頂好讓蛋白蛋黃分明些，再保持些稀嫩，就完全是大閘蟹的風味了），醃漬後的胡蘿蔔炒雞絲則別有一番風味，香椿拌豆腐也是家常美味，還好這些菜肴在臺灣都置辦得出來。

最讓父親念茲在茲的是薺菜，從小聽父親形容它的好滋味，直至回到老家才終於明白它令人魂縈夢牽的理由，以雞子兒香煎最能顯出它的鮮美，那是一種難以言喻、會讓人上癮的滋味，回得臺灣上窮碧落下黃泉的尋覓，才終於搞懂，此仙株產期忒短，晚冬初春時節才看得到它的芳蹤，我曾試著在自家院子撒種，培育了幾年總不成氣候，收集半天只夠炒一盤雞蛋，後來把眼光向外放，才發現它成群結隊的出現在貧瘠的馬路邊、公園的草叢裡，至此開車分心得很，但也因此找著了許多薺菜群聚地，竟然足夠到包起餃子來，只是遺憾已無法和父親分享這份奢侈。

童年每值端午，母親包的是標準客家粽，蒸熟的糯米拌以炒香的蝦米，以及切成丁的香菇、豬肉、豆乾、蘿蔔乾，再包進粽葉中蒸透，相較於別人家大塊肉還加了鹹蛋黃的粽子，這客家粽還真有些寒酸。而父親包的粽子更是簡潔明瞭，除了圓糯米什麼都沒有，煮到透爛沾麵糖吃，唯一引起我興趣的就是它那造型，呈長圓錐狀，被父親命為「勝利女神飛彈」。但等到長大後，大魚大肉吃怕了，才發現客家粽的Q彈噴香是其他門派粽子無可比擬的，至於父親的白粽子，更是愈年長愈能品出它的清香雋永，單純的糯米香、粽葉香，佐以綿密的糖粉，是足以讓人翹首巴望一整年的。

上次去芬蘭出任務，一下飛機便聽聞早到一個星期的幾位《聯合報》記者，已在四處尋找中國餐館，被我狠狠嘲笑了一番，中國人總是如此，好不容易出門在外，不好好享受異國餐點，卻只想回到自家廚房取暖。不想，才吃了兩天的培根、火腿、麵包、沙拉，我的脾胃也犯起了思鄉病，還好有先見之明，帶了幾包泡麵，晚上回得旅館，一碗熱騰騰的湯麵下肚，真是南面王不換。

待到第六天，終於自打嘴巴的跟著那些先進記者先生小姐們，在赫爾辛基覓得一中餐館，打開菜單，每小盤熱炒平均六百臺幣，嚇死人的貴，這樣的價錢在臺灣很夯的「九九」快炒，可點上一桌六盤菜還有找，但一行六人包括我在內誰也沒抱怨，全員埋頭大吃，盤盤見底，約莫把人家的飯鍋也給清空了。

為此，我老有股衝動，想到芬蘭開家麵館，在那半年落雪的國度，一碗熱騰騰的牛肉麵下肚會是多麼熨妥脾胃呀！不然開家火鍋店也一定生意興隆，若外國人吃不來麻辣鍋，用酸白菜、青蔬番茄打底也可以，甚至在路邊擺個「關東煮」的攤子都好……天馬行空作了老半天的白日夢，才發現全是白搭，因為西洋人不會用筷子，以刀叉吃這些湯湯水水的料理肯定是很折磨人的。

面對西洋人的冷鍋冷灶，中國人無法委屈自己的脾胃，便得生出許多權變。臺灣人是出國留學也好，移民也罷，行囊中絕不能少的就是「大同電鍋」，除了可以烹製白米飯，還可以蒸煮一些簡易中式料理，書市就有販售如此的電鍋食譜。也因著中國同胞的堅持，異國的唐人街便應運而生，因此各式食材也多半都買得到，如此的不同光同塵，真不知是好是壞。

所以牛牽到北京還是牛，自小養成的胃口，就像烙印般的想去除都難，這大概在中國同胞的身上尤其明顯。

原載於《聯合報》聯合副刊，二〇一五年六月十九日

鹽

林蔚昀

1982 年生，臺北人。英國布紐爾大學戲劇系學士，波蘭亞捷隆大學波蘭文學研究所肄業。在波蘭生活已十年，以中文、英文及波文寫作詩、散文、小說及評論，其創作及譯作散見各大報及雜誌。多年來致力在華語界推廣波蘭文學，於 2013 年獲得波蘭文化部頒發波蘭文化功勳獎章，是首位獲得此項殊榮的臺灣人。同年以波蘭文譯者及臺灣／波蘭文化交流推廣者的身分，獲得中國民國第五十一屆十大傑出青年獎項（文化及藝術類）。著有《平平詩集》及《我媽媽的寄生蟲》，譯有《獵魔士：最後的願望》、《鱷魚街》、《給我的詩——辛波絲卡詩選 1957-2012》等作。

鹽這種東西，就像毒品一樣，是會上癮的。

來波蘭前，我煮飯很少用油鹽（家裡吃得清淡），也對英國人吃飯不試味道，就往盤子裡的食物拼命撒鹽的行為感到不可思議。然而來波蘭後，因為波蘭傳統食物（清湯、炸豬排、酸白菜燉肉、馬鈴薯餅……）多半又油又鹹，久而久之，我也習慣了波蘭菜的鹹味，把它當成現實理所當然的一部分。

必須說，我並不是一開始就棄守的。在波蘭生活的前五年，我自己開伙都很少放鹽。先生也不喜歡鹽，所以我更沒有必要「煮重鹹」。然而，在波蘭住到第七、八年，我發現自己開始在熬第一道雞湯的時候就放鹽（我以前都遵循我媽的教誨，第一道熬湯喝清甜，第二道才放鹽），在炒菜、燉肉、煎蛋時也會順手加一些鹽下去，有時還加得太多，讓菜餚變得過鹹。

我驚恐萬分地看著自己越變越鹹的口味，拼命想找出原因。同時，我也帶著怨怪的口氣對先生說：「你們波蘭人怎麼那麼喜歡吃鹽！都是你們波蘭菜害我口味改變了！」

「我們沒有其他的調味料啊。」先生無奈地說：「波蘭地處內陸，冬天又很長，沒有很多蔬菜水果，能吃的多半是需要調味的肉類和根莖類。因為寒冷，我們做菜通常用很多油，為了不讓食物太過油膩，就只能多加鹽巴和胡椒了。」

確實，鹽在波蘭是十分重要的調味料（我甚至覺得它是最重要的，重要到幾乎成了反射動作——波蘭人連煮白飯都會加鹽）。也許正因為它是如此地重要，在波蘭文中「鹹」的形容詞也有「很貴、價值不菲」的意思。後來我上網查了一下維基百科，發現在食鹽很難製作和取得的古代，它是珍貴的貿易物資，在一些時期還被當作貨幣使用，而在文化中，它也是「價值」的象徵。

鹽不只在波蘭的廚房中不可或缺，在醫療的領域也有一席之地。在一些觀光鹽礦裡就有地底療養院，利用含鹽的空氣來治療人們的過敏和呼吸系統疾病。藥房裡，也可以買到治療用的鹽，拿來做蒸汽吸入療法、漱口，或是用來洗澡、浸泡患部。我生小孩後手腕水腫，就有醫生叫我把手泡在鹽水中，不過我覺得麻煩，泡了一兩次就沒有再泡，所以也無緣得知療效。

鹽在儀式中也扮演著重要的角色。比如說復活節星期六時，波蘭人習慣帶食物到教堂請神父賜福，然後在星期天早上吃掉——在這些食物中一定會有放在小瓶子中的鹽。另外，在波蘭的喜宴上，新娘的母親會拿著麵包和鹽歡迎新人，給予他們祝福（麵包象徵智慧、好客和多子多孫，鹽則象徵尊嚴和神的保佑，因為人們相信鹽可以驅邪）。新人要撕下一小塊麵包，沾鹽吃掉，表示接受母親的祝福。

既然知道鹽有這麼多正面功用和含意，或許下次我撒太多鹽的時候，就不必那麼有罪惡感了。

原載於《聯合報》聯合副刊繽紛版，二〇一五年七月一日

鍾肇政先生的私房菜

林明德

1946 年生，高雄縣人，政治大學中文博士。曾任國立彰化師範大學臺文所教授兼副校長，現任財團法人中華民俗藝術基金會董事長。1980 年開始投入民間文學與民俗文化的研究，引領社會大眾了解並欣賞民藝之美。

目前總策劃臺灣民俗藝術叢書，以及彰化學叢書（五年六十冊）。著有：《阮註定是搬戲的命》、《台中市飲食地圖》、《斟酌雅俗》、《俗之美》、《戲海女神龍──真快樂．江賜美》；編有《台澎金馬地區匾聯調查研究》、《台灣民俗技藝之美》、《大溪豆腐系列文化研究》、《台灣工藝地圖》、《鄉間子弟鄉間老──吳晟新詩評論》、《鹿港工藝八大家》……等。

二〇〇一年，我帶領幾位助理進行桃園飲食文化調查研究，特別拜會文壇大老鍾肇政（一九二五～）先生，深深覺得那是一趟發現之旅。

獨鍾鹹菜湯

鍾老，桃園縣龍潭鄉人。世代務農，父親那一代，因接受師範教育，擔任日治時期公學校及後來的國小教師。他從小隨父親職務的遷調，東奔西走，接觸各地的風土民情，成為後來寫作的題材。

他是龍潭典型的客家籍人士，對客家文化有相當深厚的涵養，因此我們訪談他對客家飲食文化的看法，並公開一些私房菜。

他說客家人生性簡樸，不喜鋪張浪費，因此客家菜都是以簡單製作、方便保存為目的。不過，菜色雖然簡單，卻很有獨特的味道。家裡掌廚是太太，以傳統口味為主。吃了大半輩子太太的料理，他仍讚不絕口，有時還會招待一些朋友來家中餐敘。

在鍾太太煮的菜當中，鍾老表示最喜好的就是「鹹菜湯」。什麼是「鹹菜湯」？就是鹹菜片（酸菜片）加上三層肉切片，煮的時候要用小火慢慢地燉，時間要久些，那種酸、鹹又帶甘的滋味，才會充分釋放出來。其材料——芥菜是在第二期稻收割後，田園空閒下來，客家莊都會種植一些田作，稱之為「裡作」，「裡作」主要的作物是芥菜與蘿蔔。當這些作物成熟後，採收、曬乾，方便保存，由於曬乾的蔬菜比較能夠保存原來的味道，因此成了客家莊的代表食品——酸菜及蘿蔔乾（菜脯）。

有些則放置在甕中浸漬，最好發爛、發臭，有的人很喜歡這種味道，但有些人卻敬而遠之。

另外一種菜叫做「伏菜」（也有人說是「福菜」），是曬成半乾的芥菜，將它放在菜脯甕中，用力地擠壓，再將它翻轉過來置放，因此稱之為「伏菜」，取其翻覆之意，可以保存一年半載。還有一種完全曬乾的芥菜，因為完全脫水，保存期限可達一、二年以上。如果這些脫水的芥菜將它儲存三年以上，就成了「老鹹菜」，顏色呈黑色，有點硬，可以當茶喝，要用開水沖泡（先用水將鹹味去除），風味不輸一般茶葉。還有醃漬過的鹹菜，將根莖切片後可以生吃，是一道佐餐的小菜。至於蘿蔔的處理方式，與伏菜大致一樣，不過是半乾的，用來炒蛋，就是客家人最常吃的「菜脯蛋」。

鍾太太的拿手菜，是酸菜炒肉絲，將豬肉絲、蒜頭及酸菜切片放在一起炒，非常爽口又下飯。在客家料理中，醬料占有很重要的地位，其中一種叫桔醬，是用來蘸五花肉最好的醬料，酸中帶甜，非常開胃。至於「伏菜」，料理方式是用五花肉切片煮湯，那種味外味，令人痴迷。

客家有首山歌云：「封雞、封肉名聲好，不如豬肉半肥瘦。十七、十八名聲好，不如阿妹二十多。」

意思是說客家的五花肉，好吃名聞遐邇，超過封雞與封肉。

還有一種是鹹菜與五花肉切碎後放在一起蒸，類似閩南人常吃的梅干扣肉，又有點像紅燒獅子頭，如果將湯汁澆飯，風味更佳。老鹹菜除了泡茶，也可以切片，當菜來炒。一般而言，蘿蔔葉是除去不用的，但客家人充分利用，將它曬乾，其風味雖比不上鹹菜，卻也有一種素樸的滋味。

粄的多變姿態

至於客家人年節常吃的粄（粿），其烹調方法也很多，基本上，那是用米磨粉做成的（在美濃地區稱為手帕粄），有甜粄、發粄、菜包、喜粄等。喜粄主要是用來祭拜祖先，外表與發粄相類似。粄條米，是用米去磨，甜粄以糯米做成，發粄用在來米。先用發粉讓它發酵，再蒸，使之膨脹，稱為發粄。做粄最好的材料，就是在來米加上蓬萊米，因為在來米較不黏，而蓬萊米有點黏，把兩種米攙在一起，成為最佳的配合。過年時，還有一種紅色外皮的紅粄，一般都是包上甜的餡，如紅豆、花生等，也有人包鹹菜乾。

正月吃的粄就叫做正月粄，是用紅粄、發粄做成的。甜粄可以放二、三個月，而發粄則不能放太久，否則會壞掉。清明節吃的是艾粄，外皮會加入野生的艾草，內餡是菜脯、蝦米與豬肉，炒過後包起來即是「艾粄」，不過，也有內餡是包甜的。

端午節客家人吃的菜，主要是「粄粽」（水晶粽），裡面包著豬肉、蘿蔔、豆腐干、蝦米等，是用較硬的米漿做成的。也有客家肉粽，餡料要先炒過再包在糯米中，放在鍋裡蒸熟。包粽子的葉子以麻竹或桂竹為主，用桂竹葉包的，稱鹼粽，要蘸糖或蜂蜜來吃；而用麻竹葉包的，有粄粽，內餡包括豬肉、蘿蔔、豆腐干及蝦米。甜粽有紅豆、綠豆等口味。

中元節是用紅粄，印模為龜形，故有紅龜之稱。在客家莊最特別的是印模中有壽桃，象徵福祿，主要用於祭拜。中秋節在客家莊是比較不重視的，吃的東西以月餅為主。不過有一種番薯餅，內包豆沙餡（俗稱客家月餅），是甜的餅。還有甜粄籤，是用番薯曬乾做的。香魚片則是用煎熟的魚再加佐料曬乾即成，相當可口。

冬至時節，客家人稱為補冬，要圍爐吃湯圓。湯圓（粄圓）有紅、白兩色，用於喜事節慶，有甜、鹹兩種，甜的是包豆沙、花生、芝麻等，而鹹的則是豬肉、香菜、蒜頭、茼蒿等（客家人比較少包鹹的）。另外一種叫做「糍粑」（麻糬），紅、白兩式必備，也是最大眾化的食品，吃法很簡單，以前是糯米用石磨磨碎，現在用機器攪碎，再用大鍋蒸熟，沾上花生粉及糖即可食用。

辦桌的菜色有：鹹菜肚片湯、伏菜湯、豬腸炒薑絲加醋、鯽魚豆豉、白斬雞、白斬鴨、白斬鵝等。但平時客家人很少吃得如此豐盛。

《中庸》云：「人莫不飲食，鮮能知味也。」透過一次深度的訪談，在在證明鍾老不僅是為吃家，也熟悉做法，他陳述的古老滋味既是珍貴的客家飲食譜系，也代表著一個民族深厚的人文內涵。

原載於《自由時報》自由副刊，二〇一五年九月二日

回味

吃喝食飲教我的事

田運良

1964年。陸軍軍官學校機械系畢業，歷任飛彈指揮部控射官、作戰指揮官等職。佛光大學文學碩士，淡江大學中國文學所博士班。
曾任《聯合文學》編輯、企劃經理、總經理；《印刻文學生活誌》總經理。現任《光華雜誌》總編輯。
曾獲陸軍文藝金獅獎、國軍新文藝金像獎、教育部文藝創作獎、全國優秀青年詩人獎、青溪文藝金環獎、臺北文學獎、府城文學獎、南瀛文學獎、臺南文學獎、佛光文學獎、創世紀詩雜誌四十週年詩創作獎、中國文藝獎章等獎項。
著有詩集《個人城市》、《為印象王國而寫的筆記》、《單人都市》、《我書──田運良詩札》，散文書《有關愛情的種種美麗》、《值得山盟海誓》、《潛意識插頁》等，書評集《密獵者人語》等。

整齊擺上一套碗筷匙叉，拉開椅子恭請上坐，面對如此神聖每一頓飽飯，其實我只是想呈獻幾道最拿手的家常料理而已。無關廚藝、無關色香味、更無關好吃與否。

我向來笨頭笨腦粗手粗腳，鍋鏟碗盆、煎炒煮炸、醬醋糖鹽、切刨剁砍之類的百般廚事，不僅耍得我手忙腳亂、忙得我團團轉，這般挫折更總是趕盡殺絕我堅毅面對職場艱難時那般傲骨的，威風凜凜與高昂鬥志，但我總是愈挫愈勇於操鏟、愈折愈敢於下廚。

每每鼓起勇氣進了廚房，面對料理臺上鋪陳宛如長城萬里的魚肉菜豆、蒜蔥椒薑，毅然擎起了刀、落了砧板，魚肉剖了肚腹、菜豆切了葉枝，每每備感茫然及無所適從……而每每決然開了爐火、掀了蓋、下了油之後，雖略有猶疑但已無退路。一陣兵荒馬亂，烹調戰事終告甫定，起鍋入盤的菜肴，香噴噴熱騰騰上桌，竟絕少勾引起食者口欲而多成廚餘，更每每無端領受英雄氣短之寂寞悵惘。

唉，還好賢妻廚藝名不虛傳，廚房是她的天下，我則遠庖廚久矣，早將鍋鏟鄭重移交給太太全權掌理而收山歸隱，即使偶爾路過廚房，也僅僅是幫忙擺擺碗筷、端端湯菜、添添米飯的跑堂僕役雜事呀。

人生不過柴米油鹽醬醋茶、酸甜苦辣鹹，做菜的事我插不上手，當然，拿手菜也就愈來愈生疏、愈來愈只能拿在手上而不敢大膽下注出牌囉。

蛋：同心的圓滿

早些年單身獨居之況，難免親自上陣下廚以求果腹，我最拿手的、真正可以端得上桌炫耀的菜，都是以蛋為主。特別喜歡蛋，有個自我了悟的小哲理：每每揚起蛋，敲了鍋沿，殼裂了，順勢分兩半，蛋汁滑入鍋，蛋白內包著蛋黃，圍成同心圓。我總不忍心戳破它、拌攪它、翻弄它，靜靜看著它由透明熱成白，守著一種圓滿。

蛋呀，舉凡拌炒菜脯、九層塔、番茄、培根火腿、胡蘿蔔絲、蝦仁等等小小變化的簡易菜色，這些都是我微薄能力所能展現的了不得的廚藝。雖不怎了得，但草草一、兩盤田式蛋料理，配上米飯或麵條即可飽餐，營養足、夠實惠，恐還可博得養生之譽、實收減肥之效。

近年對蛋料理的鑽研考究更為忠誠迷戀、走火入魔，為了餵飽自我的心，每餐必蛋：蛋包飯、蛋炒飯、滑蛋燴飯、茶碗蒸烘蛋、蛋花湯、苦瓜鹹蛋、皮蛋豆腐，乃至雞蛋糕、蛋餅、蛋塔、蛋黃酥等千變萬化、五花八門的各式蛋品，琳瑯滿目羅列桌上眼前，迭攻屢戰緊緊擄獲我舌上每一朵盛開綻放的味蕾……

當苦思變不出蛋的花樣時，我總勸自己說：直接就煎個荷包蛋吧。

我還記得那個同心的，圓滿。

粥：簡簡單單

出門前，我總是在爐上候著一鍋粥，以備深夜加班完回家後暖心、飽胃之需，這是一整天闖蕩都市叢林、身陷職場戰鬥後，用來獎賞自己的戰利品。清粥，米粒軟爛泛白淨底的，簡簡單單的，無論稀稠，堆一些肉鬆魚酥、麵筋豆棗、菜心醬瓜，唏哩呼嚕呑個兩碗，一掃白日煩憂，連整個半夜三更也都跟著簡簡單單地美味起來了。

爸爸幽幽說著往事，河南老家裡每逢黃河氾濫改道，舉村往高處暫遷避災時，傢伙食糧來不及帶上肩、豬隻雞鴨來不及牽著逃，只能將米捲成一長條帶，直接捆在腰際，簡簡單單一路上山。山上茅草搭的臨時柵寮裡，張嘴吃飯人多、米有限，惡水洶湧似無早退之跡，勢必要衡量斟酌地省著點用，煮粥是無奈一途。鍋大水滿，倒些米、摻些地瓜籤、和些五穀雜糧，米煮得特爛，實在稀得可以，生命亂世的顛沛流離歷程裡，能來上一碗稀粥，那是佛陀恩賜、是耶穌聖予、是先祖布施的，一家人躲著風雨飄搖，珍惜地仰首喝著飲著，眼淚直往粥裡奔。

爸爸晚年中風已半身不遂，只能進食流質湯羹之類，煮粥的重責，媽媽理直氣壯地當然全扛了。煮粥是小手藝，為顧及爸爸的健康復原，每每搞得像辦滿漢全席，媽媽總會以大骨熬湯當底煮粥，其內加虱目魚肚片、五花絞肉、蚵仔、高麗菜絲，燉煮些時候，再撒上芹末蒜酥、澆些胡椒粉，這碗濃稠而滿溢的臺式鹹粥，媽媽三兩下、簡簡單單搞定，儼然宮廷筵席大菜。爸爸頹坐輪椅上，斜著身、歪著嘴，一匙一匙吃得津津有味，眼神炯炯透露著簡簡單單的幸福，緊抓著媽的手、感恩著她不離不棄，還乞著要再一匙。

魚：自由自在

我不喜歡吃魚，是小時候被魚刺卡喉送急診、所綁架迄今的夢魘害的。那時初嘗紅燒吳郭魚料理，媽媽已用心剔出粗刺，但魚肉裡還是埋有暗器，無由傷了喉嚨淺處，重咳不出、硬嚥也不是，進退維谷。

不過是根魚刺吧，見大人們手足無措忙著將我送上救護車，我卻惋惜著那條魚的身世、想像著牠曾經的自由自在。

去年初，我無端罹患重病，手術後需要長時間的療養，醫生推薦可多吃魚來補充營養，媽媽與妻便主動爭著料理。她們知道我怕刺，無刺的多利魚、圓鱈、潮鯛、秋刀魚、一夜干、海鱺等便輪流游入病房，香味撲鼻，勾引著口欲而食指大動。我被病痛五花大綁在床上，僅靠上半身的挪移勉為進食，頗為艱難。我就好比被圍困的魚，猥瑣地洄泭在窄狹池缸裡，巴望窗外藍天白日，嚮往著悠游大河瀚海的自由自在。

突突然想到張愛玲，她在《紅樓夢魘》提及「海棠無香，鰣魚多刺，紅樓未完」，以此為三大恨事。我一直遺憾著、恨著還未被鰣魚刺過。

湯：一碗海

席間杯盤狼藉、觥籌交錯，妻起身挪了挪湯碗的位置，積極勸著大家：歹勢，菜準備得不好，不過沒喝湯，飯吃再多也不會飽喔。她為著最用心料理、最後才端上桌的湯品露露臉、拉拉票，期望贏得在座的青睞而能動瓢匙勺舀一嘗，即使用餐到最後，口齒舌間仍可留著湯香……席閉人散座空，湯，冷了，也被冷落了。

湯，真是一碗海呀。因為用心料理，妻突地頓悟了湯的真義。

無奈收拾著餐盤，妻頗為感慨每頓飯總留下湯獨守空桌，直歎這碗海太遼闊曠遠了，遼闊曠遠到連海裡是苦瓜排骨酥、枸杞羊肉、味噌鮮魚片、蛤蜊冬瓜雞、四神或是佛跳牆、羹，也不顧其澎湃、其洶湧，可知再家常不過的番茄豆腐蛋花，也見其小小波瀾、微微漣漪呀。湯總是桌菜配角、總是排在美味人生的最末位。

海裡驚濤駭浪的這些年，有些人來、有些人往，桌上陪吃飯的人也驚心地換了、少了幾個，喜金喪儀空換一椿悲歡，多所感慨不勝唏噓呀。妻把湯熱了，我一股腦兒把這碗海，全部喝進此生今世，一滴往事也不剩。

素食：感恩惜福

爸爸十多年前先離席了，走得安詳寧靜無罣礙，恭謹奉厝在南港國軍公墓的忠義塔裡。全家齊心發願為他茹一整年素，將功德迴向給獨自在歸返旅途上的爸爸，願他一路好走。

因此那段守喪期間裡，吃飯時間只找素食餐廳、逛市場只巡素食攤位、買罐頭只認菜心麵筋醬瓜，甚至還買了四、五本素食食譜，親手下廚做素齋羹菜，就連豬排雞塊、鴨賞鵝掌、魚片蝦條，也能仿其口感形狀而燒出滿桌好菜，屢屢讓人食指大動、下箸如啄。怎知食素多時之後，竟也漸漸滴水沁心地迷戀上了，甚至為素食的益好之效而投身無私宣揚。猶記當時，初食只為還願，即今，已蔚成慣習，而如偈言醒語般的古諺「平易恬淡，不味眾珍」，幾乎已是生活信條、飲食守則了。

也因此，發現周遭有愈來愈多的人也吃素，或為了瘦身減肥、或追求健康養生、或因由宗教信仰，甚至是響應環保等原因，而遠油多鹽重、親蔬爽果甜，棄葷腥、就素淡。大家時而聚談、時而共餐，交換欣賞各自屯墾的一片清心田畝，若說因此養心靜性而神清氣爽、青春不老，全拜素食之賜。

爾今，每食一米一菜一豆一菇一瓜一果，口口入腹都喚起惜福感恩之意、謙恭禮敬之心，你我聞、嗅、嘗、觸，悠然過著無肉食生活，在簡單樸真的日常時光中，期望得以從食欲逐日猖狂妄行的餐飲之旅裡，稍稍打撈起、贖回來某些逐漸遺忘的素白記憶和明潔情感，那是換不到、喚不回的恩深義重。我吃素、我思念父親。

寫著寫著，妻端上一碗浮著蛋花、沉著素魚漿的粥湯前來慰勞，我真是喝得熱騰騰、暖呼呼的。然而吃喝食飲這件事，我沒有要征服美食的決心，我也無挑戰佳肴的壯志，在國宴家筵上，更尋不著我晉身烹飪達人的淑世理想。碗筷匙叉齊整序列眼前，我坐在桌前癱軟著，仿然面對著長敞無盡的荒涼公路，味覺想必也旅途勞頓，即使肉身還淺淺餓著，生命卻都飽得心滿意足了。

恭謹面對如此神聖的每一頓飽飯，其實我只是想讓嘗過我的拿手菜的人，都願以口舌抵死與之交融、與之共鳴、與之纏綿。無關交情、無關藍綠、無關你我她、更無關愛恨與否。

原載於《自由時報》自由副刊，二〇一五年一月十一日

鹹飫

黃錦樹

祖籍福建南安，1967 年於馬來西亞柔佛州，1986 年到臺灣留學。臺大中文系畢業，淡江中文所碩士，清華大學中文博士。現為國立暨南大學中文系專任教授。著有小說集《刻背》、《南洋人民共和國備忘錄》、《猶見扶餘》、《魚》等。論文集《馬華文學與中國性》、《謊言與真理的技藝》、《文與魂與體》、《華文小文學的馬來西亞個案》、隨筆《注釋南方》《火笑了》等。

在臺灣多年，有時懶得做菜，就會煮一大鍋鹹飫（註），可以連續吃許多餐，和滷肉功能相彷。煮鹹飫用的是炒菜鍋（閩南話稱之為鼎者），冬季時用芥菜，切成吋許長，蝦米絞肉或五花肉絲爆香了，加入芥菜炒一炒，加點水煮一會，可以讓它少一點苦味。稍煮軟，倒入數杯洗好的米，加點醬油和鹽，拌勻，加水至剛好淹過拌好的米和菜，鍋蓋蓋著小火煮上個二十分鐘左右，水收乾後就是一鍋鹹飫了。火候控制得宜的話，還會有一層漂亮又可口脆脆的鍋巴，鍋巴裡常會嵌著帶著焦香的蝦米或菜葉。

它的相鄰形式是鹹糜——瘦肉粥。

年少時在馬來西亞膠園裡的老家，母親就常煮鹹飫，用小柴火慢慢把水燒乾。老家的鼎巨大，一鍋飯可以餵飽許多口。鍋巴既大又厚，有時單吃鍋巴就飽了。那樣的一鍋飯，只要配上四分之一個鹹蛋，或蝦米辣椒，或者一碗沒加什麼料的冬菜湯，或蛋花湯，就是一餐了。

多年以後方了解，那多半是最節省也最省事的一種吃法。

煮鹹飰不是非得芥菜不可，有時用豇豆（俗稱菜豆）、芋頭，甚至南瓜。講究的話還可加些蠔乾。有時水燒乾後我還會鋪上一層臘腸、臘肉，升級成豪華版。

但老家不曾用上南瓜。對我而言比較傷腦筋的是，夏季南瓜飯極易餿，有時甚至無法留到隔餐，可能是水分太多了。芋頭飯在大馬茶餐室裡也常是肉骨茶食的配飯。

在家鄉，我吃過最可口的鹹飰其實是我祖母煮的，伊晚年舌頭退化，所以口味較重。伊愛用的是老豇豆，煮熟後軟爛，和飯和在一塊，有一種獨特的香味。小學六年級時我還是念下午班，放學時到她那兒牽腳踏車騎返樹膠園，她常會留飯，就說飯已煮好了，是鹹飰。我常忍不住一口氣吃上好幾碗。

祖母慢火乾煎的老菜豆我也很喜歡。伊牙齒不好，青嫩的菜豆根本咬不動，而且膨軟泛黃的菜豆很便宜，菜販有時乾脆整把送給伊。伊常年清晨到巴剎撿菜葉魚鰭魚肚蝦殼，混在一起剁碎了餵鴨子。菜市場裡的人似乎都認得她，還會親切的喚伊「老嬸」。那年代，那種裝束，一看就知道是唐山下南洋的那代漸漸凋零的老人。

在伊那裡，我們吃的蝦子都只有尾部那一截——從蝦殼裡剔出來的。但花蟹價賤時伊也會買上幾隻，燒得美滋滋的。

但我和伊一塊住的日子並不長，溫馴的小哥和伊住最久。偶爾見面，還會聊起一塊躲在濕冷的床底下壓低聲音偷吃芒果青的往事。

伊長年寄居在小鎮內的一個小角落，一間霉濕的違建，像童偉格筆下那種地板會出水的房子。緊急狀態時被迫搬出膠園而借住的豬圈地，逢雨必淹。某年淹大水，方被孫子強迫搬到另一處稍微新的社區的中古屋。

我們小時，我強烈的感覺伊不喜歡我們這幾個排行中間的、幾乎可說是多餘的孩子，只在乎兩個最大的孫子。對我們相當嚴厲，時而近乎苛刻。

有一年伊的長孫從臺灣畢業返鄉，伊特地做了碗香氣四溢的肉蒸蛋。用餐時，大哥一直叫小哥和我吃啊，但那道菜我們連動都不敢動，因為祖母惡狠狠目光時時巡遊在我和小哥之間，我們連看都不敢看一眼那道彷彿發著亮光的菜。只有趁伊起身，轉身去灶上端另一道菜時，火速用湯匙挖一大塊，埋在白飯下方。伊回桌時認真的望了一眼那多出幾個大洞的肉蒸蛋，又瞄一瞄我們的碗，有幾分懷疑，但在長孫面前一直是個慈祥祖母的伊，也只好低著頭默默的吃著自己的飯。

如今肉蒸蛋已是我自己的家常菜，小孩也還捧場，但我吃起來當然已沒有當年的滋味了。

小學五年級即輟學的五哥，打工夜歸常發現門被反拴了，叫了被斥罵，還是不肯開門，後來只好去睡巴刹。如果被警察驅趕，就只好摸黑走進遠在膠林裡的老家。

嘴。

我們稍大後，倒明顯感覺到伊態度的改變，似乎比較知道疼惜了，甚至寵溺，容忍我們頂

長大後猜想，守寡多年的伊多半是對母親常把某些不大不小的兒子丟給她照顧（以陪伴伊的名義）心裡是相當不滿的，一方面又心疼兒子負擔重。

祖母高壽，活到九十二歲。因此晚年的時間很長，年過九十還身體硬朗，頭腦且十分清楚。我高中時常聽七十多歲的伊笑笑的說很想回唐山看看。祖籍也是福建南安的伊年輕時和祖父一道南下，之後即不曾返鄉。伊返鄉心願最熾的那些年，最疼的兩個孫子，其實都已賺了不少錢了，開著最新的進口轎車。而伊定居新加坡的最寵愛的女兒也相當富裕，女婿在新山且有大片土地。

我問過母親，為什麼沒人肯帶伊返唐山？母親說，伊年紀那麼大了，萬一旅途中出了什麼狀況，誰要擔那個責任？那些姑姑，沒一個是好惹的。

一直沒人願帶伊返鄉。目不識丁的伊無法獨行。父親自己也不曾出過國門，也沒多餘的錢。

大三那年自臺返馬。闊別三年，伊看到我很高興，笑得咧開已經沒什麼牙的嘴，拉著我的手，說我回家時和離家那天穿的衣還是同一件，惜物。還想塞錢給我，好讓我買書或吃的。說伊那些在新加坡打工的外孫見面都會五十、一百（馬幣）的給伊，人老了沒用什麼錢，根本花

不完。伊常說伊連自己的「老嫁妝」（壽衣）都早就備好了。

一九九七年，獨子的死亡幾乎讓伊心碎，伊和個性強悍的媳婦的矛盾再無緩衝地帶。父親故後母親一度丟下祖母，遠赴沙巴大半年，投靠她最疼愛的長子，但兄嫂都各有事忙，據說也只有菲傭有空陪她，相對無言。

次年，祖母過世。死前數月伊被憤憤不平的女兒接去新加坡照顧，直到奄奄一息才坐計程車急奔返鄉，說伊堅持要死在自己家裡。一扛進門就斷氣了。

那年我自己也大病了一場，無力返鄉奔喪。

幼時的印象：她每年都有好幾回，滷一隻烏溜溜香噴噴的鴨子，笑嘻嘻的坐火車南下新加坡去探訪她女兒。

多年以後，當了廚師的五哥還盛讚祖母家常菜的火候。伊煎的魚外脆內嫩，我也一直做不到。

去年八月底母親過世，距祖母的過世也有十七年了。

十月我隻身到廈門走走，行程在母親過世前就定下了。主要是想趁休假之便，看看為他的祖國貢獻最多的陳嘉庚在廈門的投影，包括廈門大學和集美中學（集美是許多海外閩南籍名人的母校，如大馬華校族魂林連玉、臺共張志忠），也想順道到祖籍地看看。廈大和集美建築都很有特色，從據說是陳嘉庚設計的主建築部分來看，這位「祖國的財神爺」（偷聽到的導遊的話）不只是個大老闆，還很有美感能力。

抵達集美後時近黃昏。從機場出來，是位河南大哥開的計程車。他說他離家兩千里南下討生活多年，不會說閩南話，也好些年沒回家了。

從住處走出來沒幾步，就看到有一間老房子在整修，好奇走近一看，赫然是曾被李光耀吊銷公民權的南洋大學的大功臣、南洋富豪陳六使和他哥哥陳文確的故居。房子不大，雙層小洋樓，陽臺小而考究。走進一看，廳、房均有逼促之感，天井擺了臺鏽黑的大型膠絞——橡膠加工過程中需靠著它把膠片輾薄、塑型——那機具比過去我父親那臺大得多。逐個房間看過去，一些日常用品，一個陰暗的小房間裡一個老人在看著螢幕小小的電視。沿著窄仄但作工考究的樓梯走上去，原就不寬的迴廊被建造中的巨幅浮雕給吞噬得幾不能容足。主陳列室有一些複製的舊照、文字解說，概略的敘述了傳主的一生。但因為還沒正式開放，沒有遊客；又值秋日黃昏，更有股難以言喻的蕭瑟落寞。

而行人開口皆鄉音。

信步走進一家生意清冷的餐廳，坐下，菜單上赫然就有一樣食物叫「咸飯」。

送上來時一看，是芥菜炒飯。有點像，但太鹹，太油，太黑，太多醬油；但真的有這個食物的名字，我還以為母親隨口叫的（譬如我會把某道菜喚作「沒有得選擇」、「為什麼這麼好吃」——逗女兒的——我迄今想不起後面那道菜煮的究竟是什麼了）。

後來走了一趟泉州，好多餐廳菜單上都有「咸飯」。也是芥菜飯，和母親的做法類似。母親的祖籍永春，也屬泉州。那和父親的祖籍南安，從地圖上看非常鄰近。但她和父親都在馬來西亞土生土長，畢生未曾踏足中國。不知是她從外祖母那兒，還是從小寄居的義兒那兒習得的。那看來確是窮人的吃法，就像客家人的梅乾菜。（祖母會製梅乾菜，也會釀酒，蒸年糕、芋頭糕、蘿蔔糕。伊的腳有點變形，出生於清朝末年的伊幼時纏過足，但晚年時挑擔挑重仍步履快捷。）

在泉州住了一晚，參訪了唐代古剎開元寺。原想順道去上個香。值大門在整修，此路不通。只好從東側門繞進去，看了唐代古塔，漆雕佛像，弘一法師紀念館，南宋古船骸博物館，翻一翻陳列的學術雜誌，回頭時就忘了。雖然再度經過大殿時，有看到一位瘦削的老嫗握著大把香虔誠跪拜。清風中，煙飄得兇猛。伊藍布袍、挽髻，嘴裡急切的喃喃自語；那音聲、形貌、衣著，讓我不禁多看了一眼，幾乎錯覺伊即是我的祖母。那話語，依稀是向神明抱怨媳婦兒女的種種不是。

開元寺最早的捐助者竟也是個姓黃的，嘉話傳說中有「紫雲」，此後有的黃姓宗親就以「紫雲」作泉州郡望的代稱，幾天後我在金門就看到許多掛著「紫雲衍派」堂號的古宅甚至洋樓。

兩天後逛廈門大學前去了趟千年古剎南普陀寺，進門時想過也許到裡頭燒個香吧。但爬了一趟後山，大汗淋漓、走到腳軟後，又意興闌珊了。

我想即便是我已過世的祖父母，多半也未曾踏足名聲如此顯赫的古剎，更別說是我父母。那就算了吧。即便有魂，也不會選擇回唐山吧。

母親還健康時，我們每回返鄉，都會依她的要求燒一大把香，從戶外的天公土地公一直拜到家裡頭的大伯公、唐番土地神（唐山帶來的土地公）、祖先，依序一支兩支三支的分插在香爐裡。我永遠搞不清楚順序，也不知道什麼神要幾炷香。

或許她深信孩子能平安歸來，多半是有諸神和祖先在庇祐吧。

當年離鄉，她不知從哪裡的寺廟求來一些紅的綠的符，要我們帶著。剛開始離鄉的那幾年，甚至還會時不時託弟弟妹妹給帶符來。剛開始我還會遵囑收在皮夾裡，不知哪年開始，就隨便丟在抽屜了。和母親的情感上的連結，也彷彿漸漸變鬆了。

母親頭腦還清楚時，有一次問我，有沒有拜祖先？她說（方法）很簡單，只要從老家的香爐裡分一些灰到（我那裡）新的香爐裡就行。其他的兄弟都是那樣的。是擔心身後的香火，還是希望來日可以庇祐我們這些遠在他鄉的兒孫？但我唯唯諾諾。拜與不拜，都隨俗。而我太太是更為堅定的無神論者，從不拜拜，因而在村莊裡常被誤以為是基督教徒。

原本想去祖籍地南安一行，也上網訂了房間。但網上訂的泉州的旅舍太可怕了，簡直就是

「西夏旅館」——沒有電梯，行李得自己搬上三樓；房間裡燈光黯淡，雙人床頭且擺著各款包裝華麗的衛生套及保證神效的「印度神油」。它位於一道古老寬大的水渠邊，水面且有人划著小舟。旅舍與水渠僅隔著一條難以會車的窄路，單是步行到巷口就要耗上十分鐘。從旅舍徒步往返走一趟開元寺後，我的左腳說什麼也不肯到南安去了。

從集美搭長途巴士到泉州，不到一小時就到了。問司機，泉州到南安，差不多也就是一個小時，距離相仿於埔里到臺中。今非昔比，高速公路消弭了崎嶇山路造成的遠隔。那些在南洋方言群裡詳細區分的縣——永春（母親的祖籍）、安溪（姑丈的祖籍）、南安、惠安、同安（「表姊」的祖籍）……原來相距都不遠，都是相鄰，都是「位喻」（metonymy）。相似與不似。相鄰與相近。隱喻與轉喻。症狀與慾望……根據我所謂的「愛的邏輯」（〈《刻背》新版附記〉），其實不必踏足南安了。如果說是代替他們返鄉，那就未免太矯情了。

鹹飰和咖哩的起源或許在功能上是相似的，都是處理剩菜的手段。我在集美吃到的，就很像剩菜炒剩飯。但不是每樣剩菜都適合做那樣的咸飯，老菜豆和芥菜確是最適宜的，成品最沒有剩菜剩飯的殘敗感。

寫到這裡，突然動念上網一查，百度百科赫然有「閩南咸飯」詞條，「閩南咸飯是福建一帶的漢族風味名點，屬於閩菜系。」從它羅列的材料（蝦仁、干貝）來看，卻比我吃過的講究得多，還真的頗有餐館名菜的架式。

註：Kiâm png，臺灣的線上《教育部閩南語常用辭典》（http://twblg.dict.edu.tw/holodict_new/default.jsp）四十四個和鹹有關的辭彙，有鹹糜鹹魚鹹卵鹹菜而無鹹飯，也許鹹飫在臺灣已失傳。閩南語飯應寫作中古漢語「飫」，華語仍讀作fàn，閩南語讀作png。此寫法從黄翰荻文章習得。

原載於《聯合報》聯合副刊，二〇一五年一月二十二日

清心苦味

韓良露

耕耘臺北文化多年，以多面向、獨特、創新且深入的方式重新詮釋在地文化，且對推廣、保存文化不遺餘力，為 2013 年臺北文化獎得主，也以北區國際光點的大稻程旅人手帖獲得 2013 年 PATA（亞太旅遊協會）的 Travel Journalism - Guidebook 金獎，獲得各方肯定。寫作觸角廣及影評、散文（曾獲臺北文學獎）、電視和電影劇本、製作與主持廣播節目、製作新聞節目（以「今夜」獲金鐘獎最佳新聞節目和紀錄片）和紀錄片，平日寫作散見於臺灣、香港、大陸的專欄。

年幼時陪阿嬤上龍山寺，阿嬤總會順道去青草巷喝涼茶，阿嬤替我叫杯甜甜的青草茶，而她自己總是喝苦茶。有一回，我好奇喝了一口苦茶，當場大叫「好苦喲！」眼淚幾乎掉了下來，事後我十分不明白地問阿嬤幹嘛要自找苦吃，阿嬤說我小囝仔不明白苦味對身體最好，外婆說苦可清心，又說苦味消逝前會回甘。

阿嬤說的道理，我可是花了好多好多年頭後才逐漸明白，而當我明白時，我也同時發現自己的青春已一去不復返了。

似乎，在青春期之前的我，從來是不碰苦味的；不喝苦茶，不愛吃苦瓜，但慢慢地在沈浸於酸甜辣鹹多年後的我，有一天卻突然發現苦味好比意外的旅客般敲醒我的味蕾之門，苦味的拜訪帶來的是深沈厚重的感受，那種滋味留在喉頭最隱祕幽微的地方久久不散，當苦味慢慢離開後，竟然留下淡淡的清甜。

當時我想起阿嬤說的話，甜過了頭的味道會變成苦的，但苦過了之後反而轉甜。我也忽然明白這段話不只有關味覺之事，也有關人生，許多的人生不也這樣，一逕追求甜蜜的人生，常常愈活愈苦，但真正過過苦日子的人，回頭一看，卻發現苦頭吃多了後就沒什麼怕苦之事，反而更懂得日子不苦就是甜的道理。

少年人要花時間才會習慣苦味，進而珍惜、喜歡起苦味，不同的民族也有不同的歷史世故，有老靈魂的民族通常也懂得品嘗苦味；除了中國人之外，最懂苦味的民族大概是日本和義大利了。

秋天在京都時，日本人喜歡享用一道彷彿秋之心的土瓶蒸，土瓶內有三樣不可缺少的秋味，即秋天上市的柚皮、銀杏和秋茸，這三種東西的滋味都是清香中帶微苦，吃了後讓人明白秋天來了，而人生之秋是帶著微苦的感受，就像秋天盛產的秋刀魚之味，就在品嘗秋刀的肚腸之微苦。

義大利人更愛苦，義大利老人常常在清晨早餐時就喝一杯苦苦的Campari，所謂苦酒人生，但義大利人卻喜歡這種苦味，義大利還像中國人般愛吃苦菜，中國人有A菜，義大利人有芝麻菜、茴香、朝鮮薊，都以品出微苦之味為上，義大利人說這些帶苦的蔬菜吃了可以清潔血液。

原來自找苦吃是好事，人生之路走下來，愈來愈不敢嗜甜，少年時最愛之甜味，卻是中晚年人避之猶恐不及之事，但少年人怕的苦味，卻愈來愈受歡迎，原來人生就是要明白懂得接受苦味，進而欣賞苦味，這麼一來，苦味也就不苦了，人生一場，學會和苦味同在，人生也就不那麼苦了。這些事一想明白，果然心靈就清澄了，說苦味可清心，竟然是生命頓悟的味道。

如今，當我喝下一杯現榨的明日葉的苦汁時，竟然開始有回甘的體會了。

原載於《講義雜誌》第三三五期，二〇一五年二月十三日

午餐

謝昭華

1962 年 9 月生於馬祖，臺北醫學大學醫學系畢業，現執業於馬祖列島，為家庭醫學科醫師。曾獲得聯合報新詩獎、創世紀詩社四十週年詩創作獎優選、年度優秀詩人獎、臺北市文學獎新詩評審獎、時報文學獎新詩評審獎。短篇小說作品曾獲聯合文學小說新人獎評審獎。出版詩集《伏案精靈》、《夢蜻蜓》、散文集《離散九歌》、六人詩合集《群島》。詩作曾收入《台灣精銳詩人專輯》（中外文學）、《創世紀詩選》、《60 年代兩岸詩人詩選》、《60 年代詩人詩選》、《台灣詩人詩選》（福建海風），並入選詩路網站網路詩人專輯。曾參與書法家董陽孜策展之詩與音樂跨域展演「董陽孜誠字雕塑展暨心弦音樂會」。

舊時的記憶依稀難辨，空氣中彷彿僅存留不同的氣味，讓我得以循線追索。大多時候，是食物的氣味，從燒著木柴的灶爐鍋裡飄散，穿梭走道與瘖啞震響的樓梯，到木頭瓦房的每一塊重重疊疊的瓦片上。

小學時代的營養午餐是令人難忘的，不是因為免費，而是因為每人可以分到一片牛奶餅乾。餅乾外觀是正方型，約莫五公分見方，兩公分厚，乳白色，發散淡淡乳香，口感極脆。但因稀有，我們都捨不得吃。用完午餐，我們就將餅乾做為餐後甜點，不是用牙齒咬，而是用舌頭舔的，希望可以齒頰留香。後來聽說這是美援物資，這讓我們從小就對美國貨品愛恨交織，就如那時細腰身玻璃瓶裝的可口可樂一般。

一九六九年我就讀小學四年級，營養午餐的內容除了牛奶餅乾之外，每月底學生集合在大操場，每人還可以分到一塊焢肉與滷蛋當作營養補給品。那時美國政府曾想要求國民政府放棄金門與馬祖兩座小島，退守臺澎。然而最後，我們畢竟又存活了下來，從此島嶼的孩子身上帶著沙眼與蛔蟲，成為冷戰世界的馬前卒。當時大多營養不良的孩子從此就有了美援的牛奶餅乾，而中國大陸災胞救濟總會、中美合作的中國農村復興委員會也派專員常駐島嶼並捐贈物資。

家裡的正餐則依每一個家庭經濟狀況而有不同。早期大多以島嶼種植的番薯籤為主食，許多小孩見到就哭，因為大多放置過久，已然變味。然後有戰備用的在來米，存放在各村公所，村指導員定期會將放置過期的米糧開放販賣或做為低收入戶配給。各村公所廣場常看到竹篾上曬滿蝦皮與蝦蛄等漁獲，我們常在放學路過時偷抓一把當零食。由於那時沒有冰箱，漁產品大多醃製保存，開罐時腥味四溢，好之者視為人間美味，惡之者掩鼻疾行。在有瓦斯之前，島民以柴燒灶煮飯菜，而木柴來源則為村落附近山區，由家裡小孩輪流上山撿拾後挑回。

更早之前，在十多年前的一九五〇年代，這幾座僅供漁民季節性躲避風浪暫時居留的島嶼，突然間軍隊大量進駐，遍及山區、海岸，甚至是村落近旁，那些曾經是漁民作業場所的沙灘與岩岸頓時全部成為禁區。依據馬祖防衛司令部的規定，島嶼的孩子見到沿著滿山遍野戰備道路上跑的軍用吉普車必須立正敬禮。而軍方對禮節十分注重，若不敬禮，軍車上的軍官會下車來登記學生的學校名字與學號。那時幾乎沒有自用車，沿戰備道路上跑的全是軍用吉普車、軍用大卡車、由軍用大卡車改裝的公共汽車、以及轟轟然但慢條斯理駛過的裝甲車，私人計程車則嚴格控制數量極為稀有。

在歷史的進程中，數十年彈指間過去。軍人來了，在島嶼留下歌聲與嘆息，然後離去。島嶼畢竟屬於島民，無論蕭條、平淡、戰亂、寧靜，或是短期如夢繁華，歲歲年年的日子仍然要交給島上人們，在月昇日落之間，品嚐生命的哀愁與甜美。

原載於《中國時報》人間新舞台，二〇一五年三月二十九日

清明之憶，潤餅之味

李敏勇

臺灣屏東人，1947 年在高雄縣出生，在高屏成長，臺北市民，大學修習歷史。

曾主編《笠》詩刊、擔任「台灣文藝」社長及「台灣筆會」會長。參與社會運動與公共事務，曾任「鄭南榕基金會」、「台灣和平基金會」、「現代學術研究基金會」董事長。

早期多冊詩集輯選於《青春腐蝕畫》、《島嶼奏鳴曲》；近期出版詩集《自白書》、《一個人孤獨行走》、《美麗島詩歌》。除了詩創作外，也出版詩解說、研究，譯讀當代世界詩，並著有散文、小說、文學評論和社會評論集等約七十餘冊。曾獲巫永福評論獎、吳濁流新詩獎、賴和文學獎，以及第十一屆國家文藝獎。

清明時節的記憶，印象最深的是包潤餅。說包潤餅，更準確地說，是捲潤餅。這些記憶和後來定居臺北的生活習慣，是不一樣的。臺北人，潤餅是尾牙吃的，而從南臺灣遷徙到北臺灣的我，我們，家裡的四男一女，除了二弟，其餘都因求學、就業，成為臺北市民了，仍然保留清明時節包潤餅吃潤餅的習慣。

我的南臺灣生活，是高中以前的事。父母的故鄉都在恆春半島，是恆春和車城，而我的成長是在高屏。父母結婚後，在高雄境內生下我和三位弟弟一個妹妹。我自認既是高雄人，也是屏東人。記憶裡的小時候，很少回到恆春半島、父母的故鄉掃墓。那時候，祖父母還在，外祖父已逝，但不記得小時候是否去掃過墓。而求學、就業北上以後，離開高雄，掃墓好像只是父母的事。

父親過世以後，葬在恆春半島的墓園，每年清明時節都和母親、一些兄弟和孩子南下掃墓。畢竟父親和孩子是相連的血肉，有特別的牽繫。而母親六十歲時，長她七歲的丈夫就離開人世，父親墓園曾在初建時雕砌了「恩愛半生，繾眷一世」的字句，可以想見，掃墓對母親來說，多麼重要！三十年了，這一年一度，掃墓時，母親在父親墳前的細語，那種深情的對話延續著他們胼手胝足，一起養兒育女的人生情懷。

記憶裡的清明時節，現在的清明時節，家人一起包潤餅，吃潤餅。既是過去，也是現在。母親把這當做重要的事，不只是慎終追遠，更是家人團聚在一起的宴席。在我們家，就算子女已各有家庭，仍然藉著包潤餅團聚，而且不只在清明時節，常常在母親想到的時候，就一起包潤餅。

南臺灣的潤餅和北臺灣不一樣。不只應景時間不同，用料也有很大差異。若說北臺灣潤餅，常見的是燒肉、高麗菜、胡蘿蔔、豆芽、豆干、花生糖粉；那麼南臺灣的潤餅，豪華多了，隆重多了，烏魚子、香腸、蛋絲、魷魚、肉絲小炒、豆干絲、芹菜末、蘿蔔乾絲、高麗菜，醮糖大黃瓜絲、豆芽菜、香菜、花生糖粉也少不了。

潤餅皮是必要的。母親知道哪個攤子的潤餅皮好，厚薄適度而且韌度要夠。小時候，母親會交代到哪個地方購買。清明時節，排隊購買時，看著製作潤餅皮的師傅，通常是阿吉桑。他一手拉拔著高筋麵糰，往前面的幾個圓圓大鐵平盤落置。一時之間，就可以拉起一張潤餅皮，反覆不斷。製好的潤餅皮堆疊在一起，隨後論斤秤兩，讓購買的人帶走。

最重要的是潤餅皮。好的潤餅皮不易破，可以包得扎實，吃起來軟潤。潤餅皮太乾，容易破。因為這樣，到哪買潤餅皮，是一定的，從前，在南臺灣高雄的家，是這樣子；現在，在北臺灣臺北的家，也一樣，有時候，還會因為固定的商家未能供貨，改買了其他人的潤餅皮，而有掃興的經驗呢。

母親一直到現在，都九十有餘了，還是自己下廚房，料理潤餅的用料。看她去買菜、備料。從洗菜、切菜、烹煮，專注又細心。我們大大小小能幫忙的很少，聽命行事，參與最多的是：折潤餅皮、攪拌花生粉加糖，把泡軟的魷魚乾切成細絲。這時候，是母親的孩子們一面做一面聊天，見習的時間。

一盤一盤從廚房出來的潤餅用料上桌：蛋皮切成細絲，呈現的是明亮的蛋黃色；香腸煎熟煎透，切成片片，有撲鼻的香味；魷魚乾絲炒肉絲加蔥段，類似客家小炒；烏魚子炭火烤過，有酒香，切成薄片；蘿蔔乾絲炒蒜青；大黃瓜絲要瀝乾水分後拌砂糖；高麗菜清炒；豆芽菜清炒；豆干炒肉絲；芹菜末汆燙瀝乾……還有搗碎的大蒜，切掉根的香菜，真是琳瑯滿目。

這時候，家人就坐，每人面前一個大盤子。包潤餅、吃潤餅的樂趣就是：每個人自己也要參與。先是把一張潤餅皮從鋪了微濕白布巾下的盤子取出，放在自己的盤子。愛大蒜之味的人，先在潤餅皮上抹上一些蒜末，然後撒上一層花生粉墊底。花生糖粉除了可增加風味，還有吸水作用，可緩潤餅皮的濕化。母親的習慣是多加一些加了糖的花生粉，遺傳自她家族長壽傳統，吃甜吃得重也是她的特色，是年紀真大了才稍有改變。而我們也確實感覺吃潤餅多加花生糖粉，風味更佳。

接著呢？我們從小看著母親包潤餅，依序是從較少湯水的用料開始添加。例如蛋絲、豆干肉絲、蘿蔔乾絲炒蒜青、魷魚絲炒肉絲加葱段、香腸、烏魚子；再加上高麗菜清炒、豆芽菜清炒、大黃瓜絲；然後香菜。每種用料要適量鋪成平板長方形，以便包起來形式圓滿勻稱，沒有經驗的生手是做不來的。

潤餅的大小，端看自己用料多少。包潤餅時，隨意取與，可以偏重適合自己口味的用料。但菜色選取仍有其道理。烏魚子、香腸、魷魚肉絲葱條小炒，取其香脆；高麗菜清炒，取其清甜；豆芽菜清炒，也一樣；豆干炒肉絲和蛋皮絲，調味補實兼具；而拌砂糖大黃瓜絲，有清爽甜味；加上摻糖花生粉……若不適量取用，常常不可收拾，一張潤餅皮合攏不起來、爆了。相反的，用料太少，薄弱不堪的樣子，有如發育不全。從小，我們都向母親學習、觀摩她的方法。看看母親的表情，就知道是否及格，包得好，還會得到讚賞。

媳婦們參與了包潤餅，開始時，常常失手，另一半，我的兄弟們就會挺身代勞，提供最佳服務。母親說，她的兒子都疼某，不像她那個時代，男人不下廚房，動口不動手。看在眼裡，她羨慕，但並不一定嫉妒。看自己的孩子家庭和樂，她心裡應該感到欣慰。我們在臺北，去母親那兒包潤餅時，大多是先生包給太太吃。母親則是習慣自己處理，有時她還在大家吃完之後，把剩下的用料和潤餅皮包給未能參加的孫子孫女。我就常常帶給女兒阿嬤的心意。

清明時節，從前是追憶；父親逝世以後，有些感傷。祖父母那一代和父親，感受有別。包潤餅時，會想起父親在世時的情景。父親寡言，用餐時也沒有什麼話語。學生時代，從北返南過節，他關心的總是學業，兒女踏入社會時，關心從事的工作、事業。他是自己在外求職謀生，而非承續家產。我和弟弟妹妹，除了二弟以外，也是如此，但比起父親，承續自家裡的福澤要多些。大家一起在母親住處包潤餅時，父親同在的場景彷彿依然，但座位上已無他的身影。面對盤子裡包好的潤餅，心裡會浮上一些悵然之感。

這就是人生之味嗎？一家人聚在一起，追思祖先的清明時節，一起圍坐著包潤餅、吃潤餅。兒女們逐漸長大成年，而父母慢慢變化，包潤餅似乎也將生活的況味包在其中，也包容許許多多的回憶。一家人變成好幾家人，像這樣我們兄弟各有家庭，仍然常以母親為中心，在她住處團聚，在臺北的新故鄉，和自己的孩子一起包潤餅、吃潤餅。想著他們她們將來也許傳承這樣的生活情調、人生情境，或，也許不再了。

看著母親在包潤餅，她把潤餅皮攤在盤子，抹了蒜末，鋪上一層花生糖粉，依序擺上用料。潤餅之味有清明之憶，也有我們從小到大，甚至邁入白秋期，進入初老的人生況味。用料擺好後，從內往外捲起，然後左右折疊，再整個捲起來。我們——母親的孩子和孫兒女，也像母親、阿嬤一樣，一個樣子包潤餅。圓滾滾的潤餅握在手上，就如同白色芳香的記憶，從手心傳到心坎裡。

一年一度的清明時節又到了，三弟已約了一起去掃墓的日子。我們都提早一週，以避開交通巔峰時間。從臺北到高雄，再租車去恆春，在那兒住一晚，在不同的飯店或民宿感受父母的家鄉不斷在變遷，但仍保有的島嶼南方之南風情。核三廠的巨球代替了燈塔，彷彿沉重的土地上的負荷，而架設的輸電線電桿一路往北延伸，冬後春初的山坡地仍然枯黃，常常讓我想起父親的肩膀，他的靈魂就在半山腰長眠。

住在高雄的二弟，家裡都會準備潤餅、掃墓完後，從高雄搭車返回臺北之前，就在那裡一起包潤餅、吃潤餅。傳承了母親的潤餅之味，但不盡相同。回到臺北後的清明時節，我和家人仍然會到母親住處，在三弟的家，一起包潤餅、吃潤餅，再現清明之憶。這樣的記憶會流傳在孩子們的心裡嗎？這樣的滋味會流傳在孩子們的口感中嗎？我並不知道，但清明時節的細雨飄落在早春的風中，草木綻放著初綠的風景，在死滅中的復甦情境喻示著生命的自然韻律，綿延而不絕，像一首幽幽的歌謠，記述並吟詠著在時間的五線譜上呈繪的人生。

原載於《自由時報》自由副刊，二〇一五年四月五日

煮糜

賴鈺婷

臺灣臺中人。國立臺灣師範大學國文研究所畢業。擅常描繪行走於臺灣鄉鎮、聚落風景間的心情感悟，表現出對於在地風土、人情、傳統物事的觀察與思索。曾獲時報文學鄉鎮書寫獎，2011 年榮獲行政院第三十五屆金鼎獎「最佳專欄寫作獎」。2009 年獲編寫入《新修霧峰鄉志》、2015 年獲編寫入《臺中文學史》，以文學書寫保存地景人文的理念，受到學者專家的肯定與期待。
著有《彼岸花》（遠流，2006）、《小地方》（有鹿文化，2012）、《遠走的想像》（有鹿文化，2013）、《老童年》（有鹿文化，2015）。

量一杯米，置於鍋內細細淘洗。周末早晨，我想煮稀飯，煎蛋，搭配幾樣小菜，像從前母親每天做的那樣。

我記得她晨起淘米、看顧爐火、以大匙來回攪動粥體的側影。彼時，我剛迷迷糊糊醒來，睜眼找不到媽媽。循著聲響，尋到廚房，看到她才安下心。總是同樣的情節，害怕媽媽消失，莫名強烈的不安全感，讓我比其他姊姊更依賴她。每日第一印象，她總在熬粥。畫面像一段寧靜的時光，我在一旁看她操作各個環節。

淘米時，她以指尖來回攪動米水，不時隨機拾起一掌米，視米況挑揀雜質。瀝乾後，重新注水，反覆揉搓淘洗至米水清澈。鍋內粥水大滾，眼看要湧冒溢出鍋緣了，她及時控制爐火，滿鍋浮動洶湧的氣泡，暫又消褪沉降。她不時攪拌，舀起察看米粒浮漲情況。如此這般，慢火下持續滾沸騰煮。

她說，好了好了，熟練舀起湧在頂層，臺語稱之為「泔糜仔」的米湯。「泔」極滋補營養，是一鍋沸粥的精華所在。她以指拈起一小撮鹽，魔法似地撒在「泔」裡。簡單提味，熱熱喝，口感滑順香潤，很是鮮美。獨別於姊姊們，那是媽媽專寵於我的明證。

有時，她也煮蕃薯糜。洗淨去皮的地瓜刨成絲，煮成「蕃薯籤糜」；或將之裂解為塊狀，煮「蕃薯塊糜」。蕃薯的甜味釋放到粥裡，咬嚼起來鬆軟綿細。母親並不用刀切果菜般切出蕃薯塊，她以掌為砧板，握起蕃薯，用刀末尖端砍折裂解出不規則一塊塊。她說用切的甜味釋放不出，這是「江湖一點訣」。

煮糜，炒兩樣菜、煎蛋、輔以各式醬瓜小菜。海苔醬或豆腐乳，甜甜的甘納豆或蛋酥花生，不同配料攪入粥裡，隨即變換為不同口味。小孩子為了多吃這個那樣，接連喝下好幾碗粥，也是常有的事。

開始上學後，我變得和姊姊一樣，對媽媽早起張羅的早餐興趣缺缺，常臭著臉發脾氣，粥這麼燙，怎麼喝，上學來不及啦。心裡無端怨怪她古板，羨慕同學買三明治、奶茶當早餐。

母親依舊早起煮糜，煮好了先盛起放涼，怕燙口耽誤孩子的時間，還開電扇加速散熱。有一陣子，她似乎更早起，除了粥、菜外，還烤麵包、夾土司，讓我們帶著，怕我們趕時間隨便吃兩口，到學校肚子餓。

母親病後，我和姊姊周末返家陪她。周日清晨，天都還暗著呢，便聽到廚房傳來聲響。我警醒地跳起來，像從前一樣，母親已在爐前靜靜熬粥。「才幾點？妳就在煮早餐！」她趕我，「妳平常晚睡、欠眠，再去睡……」我不肯，抓起她手上的大匙，「換我顧」，無奈氣惱叨唸：費事煮粥做什麼。

想母親的一生，想她費事煮粥做什麼。這樣想著她時，仿效她的作法，不以白飯、電鍋煮粥便宜行事，以米、以爐火、以守護看顧的心，靜靜熬滾一鍋米水。往事騰湧如沸湯氣泡，湧在頂層的「泔糜仔」，是母親從不辯解、說明的愛，我這時候才明白。

原載於《中國時報》人間新舞台，二〇一五年五月三日

粉腸阿嬤

呂政達

1962 年生，臺大國發所碩士，輔大心理系博士生。曾任《張老師月刊》總編輯、《自立晚報》藝文組主任及副刊主編、《信誼基金會學前教育月刊》主編、《魅麗雜誌》編輯總監、大學心理學教師等職。創作屢獲文學大獎，包括時報文學獎、聯合報文學獎、梁實秋文學獎、宗教文學獎、林榮三文學獎。著有《怪鞋先生來喝茶》、《丈夫的祕密基地》、《偷時間的人》、《不落跑老爸》等四十餘種；其中《做個會發光的人》獲新聞局選為優良青少年讀物推薦，《與海豚交談的男孩》榮獲 2005 年《中國時報》開卷美好生活獎。

我對粉腸有著諸多情結，但那要歸諸於我的父親。

首先發音要正確，用臺語發音，是那種紅色的，要發成「粉乾」，而不是某段豬小腸的「粉長」。以前萬華龍山寺旁著名的旗魚米粉就吃過這個悶虧，明明客人點的是紅粉腸，上桌的卻是豬粉腸。後來我再去吃，菜單上列出粉腸（白）和粉腸（紅）用來區別，讓我想起來也不禁莞爾。

小時候在臺南，裕農路過去點的關帝廟廣場就有家著名的黑白切，所有的料全和在一個大玻璃櫃中，粉紅色的粉腸當然極容易吸引客人的眼光。我爸爸多半都會叫一份粉腸和白菜頭，蘸著醬油膏和我默默地吃。

那份柔軟的口感，在多年後回想起來，就是受過日本傳統教育，總說是不擅表達情感的這一代男人的溫柔。多年後，如果你問我，最懷念家鄉臺南的哪道美食，我會很不好意思地說，是一家已經不在的關帝廟榕樹下的粉腸。關帝廟真的不在了，變成了都市重劃後的一條道路，兩旁建成陌生的大樓，那棵大榕樹連同樹下的土地公廟被連根摘除，還是當年地方的大新聞。臺南市那種到處都有好味道的風景也一一撤守。有時候我總會想，到底要那麼多大樓做什麼？

但是，我毋寧要將我對粉腸的美好記憶，歸諸給大甲鎮瀾宮邊的康家粉腸，最少，他們的味道一直都在。不僅是因為他們傳承下的古老味道，一只烘爐和鐵板以及略呈灰色的粉腸，那味道不同於南部的口味。吃粉腸更貴重的是心意。以前，那個攤位原本是打香腸的，古老的彈珠臺決定客人能不能把香腸帶回去，原是臺灣民間常見的民俗玩意。康家的阿嬤卻不忍看到沒打到香腸的客人那種失望的表情，自己捏出了灰色的粉腸，從此贏的人吃烤香腸，輸的人就吃灰粉腸，不會什麼都沒有。也許就是這番心意，這個香腸攤從小攤位到搬進店面，如今已是大甲的知名小吃景點了。

吃是我們每天都在發生的事情，食物不僅在我們的肚腸內進行化合作用，食物的情緒進到我們的大腦，早晚也會變成我們的情緒。我時時想著這些由於食物而產生的美好，記得一些稍縱即逝的事物。我開始相信，食物也是稍縱即逝的記憶，我們的舌頭總忙著回味。

就如紅粉腸吧，我常在想該怎樣跟沒吃過的人形容紅粉腸呢？以前我常說：「那是我爸爸那一代的最愛。」現在，知道大甲的那個角落準時地燒起烘爐，一根根的粉腸好像在天涯彼方飄出香味，我寧願帶著微笑，小攤位前耐心地等待。

原載於《自由時報》自由副刊，二〇一五年五月二十五日

味

吳鈞堯

出生金門昔果山，十二歲遷往臺北，中山大學財管系畢，東吳大學中文所碩士。曾獲《中國時報》、《聯合報》等小說獎，梁實秋、教育部等散文獎。〈神的聲音〉獲得九歌出版社「年度小說獎」，收錄於長篇小說《遺神》。2005、2012 年獲頒五四文藝獎章（教育類與小說創作），著有小說集《女孩們經常被告知》、《火殤世紀》、《遺神》等，散文集《荒言》、《熱地圖》等。繪本著作《三位樹朋友》獲第三屆國家出版獎、入圍香港豐子愷兒童圖書獎前十強；《火殤世紀》獲 2011 年臺北國際書展小說類十大好書、第三十五屆新聞局圖書類文學創作金鼎獎。

寫作，若僅靈魂這一味，未免太虛。寫作常鬧肚餓，寫，更得食人間煙火。一定的狀態是寫多吃多。除了少數不世出人傑，如文天祥於元兵死監，尚能書「人生自古誰無死」，林覺民苦著眉與胃，還能與妻訣別。

我寫作是吃飽飯才開始。常日，晚間七時許完食，再需小眠，以補上班時的精神潰散。醒來，一杯咖啡先。再以茶、酒等續神。酒是威士忌跟高粱。它們來自蘇格蘭、英格蘭跟我的故鄉金門，並時常伴與獨立搖滾樂。

寫，一旦開，八方滋味來，兜聚眼尖處。

茶不可缺，全程作伴。我泡彪哥、彪嫂的茶。嘉義寄來的茶，摘自阿里山、霧社與梨山，這一摘轉，山川皆壺底。寫，宅在家，也離開家。

酷妹是一條狗。那一年，我應彪哥邀到嘉義作客。市區待一晚，即往石桌，於左近森林步道，見一條大白狗兇猛奔來。恐怖，正待舉登山杖示威，白狗興奮搖尾巴。酷妹高壯但友善，讓我想起宮崎駿《魔法公主》中，那頭可以當馬騎的大狗。

酷妹像導遊。走前頭，幫我們擋卻沿途村旅中，所有的狗襲。母狗吠得兇，我們判斷，正狗如酷妹，若入住村頭，勢必破壞狗族婚嫁生態。酷妹與帥狗相見歡，互相趨前，挺前足碰擊，彷彿空中擊掌。酷妹是萬狗迷，再折返到石桌主街，店家好奇問，出來玩帶四條狗啊？我說沒一條是我家的，一切都是酷妹惹的頭。

一切都該問，寫作這位帶頭大哥。我說雅郡啊，怎麼到後來，我刊了文章，竟是你阿母打電話來，主播啊，我讀了文章，很感動。彪嫂糾正了好些年，才改主播為主編。一切的該問，見到面都沒問。雅郡是彪哥嫂的女兒。必定有些只為她知的線索，在她的嘉義家，從一截線索滾回一顆毛球。

我們真到嘉義找彪哥嫂，很可能豬頭長白目，一句歡迎來玩，我們真挑行囊，風塵僕僕趕來，白吃白住。彪哥殺雞為業，私以為或在市場中，不料就在馬路旁。又以為住、辦分離，沒料到隔一扇薄板，齁聲與雞鳴並起。必有許多個深夜，雅郡姊弟在群雞的夢話間，攙雜了讀書聲。現代人讀書，哪還出聲呢？必是人無言、房間無聲，雞在外頭爭論，路燈可比太陽亮？能啼否、該啼嗎？

我想起，正是雅郡投來記寫父親殺雞的文章打動我。生命的斷、續，每一刻都在雅郡房外、在彪哥手上，快速發生。難道是雞，成了帶頭大哥？

散了後，就以茶聚。一箱包裹打開來，彪哥嫂寄來的福義軒蛋捲跟茶葉。還有特地冷凍，以便快捷寄送的雞。我開始被餵養。妻不知道，彪哥茶已是我深夜的慰解，趁不備，當了交流禮餽。我，藏緊來。

每年秋收花生，母親贈與花生一桶，我們仔細藏放，口饞時解一把。彪哥茶亦如是，寫作乾枯時飲幾壺。茶，從嘉義寄來。從狹隘的客廳。彪哥在外頭屠宰，彪嫂請我們喝茶吃糖，雅郡姊弟一旁陪。雞在外邊。牠們生時的聒噪跟死後的氣息合聚，說不出來的生腥跟一股冷。

我泡彪哥茶時，常也坐回他家的客廳。看一個彪悍的男人，在外邊種他的福田。

原載於《中國時報》人間副刊，二〇一五年七月十七日

湯

達瑞

達瑞，本名董秉哲，1979 年生。真理大學臺灣文學系畢業。作品曾入選年度詩選、年度小說選，曾獲聯合報文學獎新詩大獎、小說評審獎，時報文學獎新詩評審獎等。

午間，對坐的導演P仔細為眼前那碗湯研磨、添加著黑胡椒粒，細碎鋪在暖黃色湯面，顏色層次煞是好看。「導演、不好意思，那是我的，海鮮清湯，你的是濃湯，雖然看起來都很濃稠……」一主食量少難嚥或配菜荒唐草率皆能隱忍……關於湯，極難勉強。

記得那些光景輪廓是這樣的：許多加班子夜返家，家人皆已熄燈入睡的屋宅僅留自己房內光源，置滿電腦螢幕時鐘室話及諸多保健藥品瓶罐的桌面上，額外擱著的淨白色家常瓷碗裡是冷涼的竹筍湯，唯一願嘗的冷湯料。母親總以清水煮熟薄切後，靜待湯涼後筍之甜味釋放於湯中，無須調味即能領受純粹的甘意（部分微澀微苦亦彷佛親嘗栽物於土壤熟成之歷程。竟如此靠近事物本質）。更換了衣物及安置一日之瑣碎雜務後，獨自靜靜、仔細喝湯並在巨大的靜謐時段裡聆聽自己飲入湯汁和嚼動筍肉的聲音。噪動的真實。短短數分鐘，舒適飽滿，一是細緻湯水洗滌了紛擾壅塞的心神，另則感受了被照顧、被關愛的某種等待。

總期待一碗湯，得以在豐盛而略感負擔的餐食飽足狀態下，解膩、淨氣，重又安適思緒。在更多城市流轉的繁重時日，持續的步伐與思慮之間，腦海浮現的經常是蓮藕排骨湯（蓮藕喜脆不喜久放呈鬆軟態）、蛤蜊冬瓜湯（蛤蜊鮮度為關鍵、冬瓜喜軟不搶鮮食鋒頭、視口味略添麻油或米酒更令氣味層次豐沛）、金針排骨湯、蘿蔔玉米湯……以及微細穿織於冷冽城市線條裡的溫柔彎弧。

時間行進，我渴切著歇止步伐的那碗湯，精緻、經典甚或解決一日倦憊愁困而無心抉擇餐食之苦。那是一種寧謐，當湯液柔順入喉，感受其於口腔、於喉、於體內的徘徊流轉，隨之而來的是全面性提示：是否安好？是否忘了適度增減日常的調味？是否瞥見未完成而乾涸的什麼於意志潤澤的表面重新光閃……

原載於《自由時報》自由副刊，二〇一五年八月三日

瓜子

向蒔

台南家專畢業
公職退休

那陣子，總是下雨。

俗諺：「未呷五日節粽，一領破裘毋甘放。」說的是端午前的乍暖還寒，但那年，還多雨。

望著遲遲不放晴、陰陰暗暗的天色，爸爸嘆口氣，披上簑衣，戴上斗笠，扁擔挑個水桶，赤腳牽著老牛走進雨中，五分地的瓜子泡在雨水裡，再不採收很快就會腐爛，化為春泥。

家裡幾塊農地，不是甘蔗，就是稻米、番薯輪作，但前幾年，附近開始有人種瓜子，收益好像不差，於是爸爸請教了一些前輩，也試著種下生平第一株瓜子。

雖然家裡務農，但爸媽很少要我們下田，所以種瓜的過程如何？怎麼施肥除蟲？我通通不知道，唯一記得的是採收時那幾場雨。

採收時的幾場雨

每天放學，剛進門脫下雨衣，也大概是爸爸下田回來的時候，有時甚至在半路上會遇到，通常是這樣的場景：老牛在前，爸爸一肩扁擔、一手牛繩慢慢在後頭跟著，只有一次例外，一向慢吞吞的老牛突然狂奔進門，一會兒爸爸氣喘兮兮才趕到，臉色有點慘白，知道老牛一路沒有傷人才鬆了口氣，繫好牛繩，回頭去找情急丟在路旁的扁擔和水桶。

水桶是採收瓜子的必備用具。

成熟的瓜子外型像極小玉西瓜，剖開後剔掉瓜瓤、挑出黑亮的籽，就是一般食用的黑瓜子，但這不是最後的手續，後頭的曝曬才是決定瓜子良窳的關鍵。

陽光下，一粒粒黑瓜子平整地鋪在水泥地上，像衛兵站崗似的，直挺挺，碰觸不得，非等日曬定型後不能輕易翻動，否則一旦瓜子歪扭變了形，便算次級品，淪為商人殺價的老鼠屎。

那雨天採收的瓜子怎麼辦？

泡在瓜瓤汁液中。

這樣可暫時保存幾天，所以家裡有個大汽油桶，裡面已泡了好些前幾天採收的瓜子，有半桶高了，爸爸把回頭從路上找回來的瓜子再倒進汽油桶裡，抬眼看看闃黑的天幕，無星無月。

識途老「牛」闖禍

晚餐時，媽媽問老牛怎麼回事？這樣狂奔很危險。爸爸放下碗筷，打開電視準備看氣象預報，聲音悶悶的說：「途中遇到隻牛犢挑釁，老牛自知不敵，拔腿就跑，幸好牠還認得回家的路。」原來識途的不只老馬。

這不是老牛第一次闖禍了，有一年國慶，遊行的隊伍「莊敬自強，處變不驚」口號喊得震天價響，伴著鼓號樂隊叮叮咚咚，驚嚇了在路旁悠閒吃草的老牛，牠先是焦躁的原地打轉，最後掙脱韁繩奪路而逃，慌亂中碰撞了一位學生，雖然只是皮肉之傷，爸媽仍禮數周到的買了一籃五爪蘋果前去賠罪致歉，那是蘋果第一次走下高貴的神壇進入家裡，但我們只能看看、摸摸，那一夜，寤寐中彷彿聞到滿屋蘋果香。

「電視説明天就放晴了。」大妹高興地指著電視説，這幾天家裡大大小小最關心的，就是老天的臉色。

馬有失蹄，氣象局偶也會失準。

隔天，還是下雨，爸爸還是挑起水桶走進雨中。

五分地，説來不大，但一人獨力，一個個渾圓熟透的瓜果卻好像永遠採不完、剖不完，媽媽看著爸爸雨中漸漸模糊的背影，交代大妹看好小妹，吩咐我穿上雨衣：「我們也去。」

漠漠田土中雨簾絲絲，翠綠瓜籐纏繞出一片青青，看似無限美好。

在這片美好中，我們蝸牛似的，提著水桶在爛泥瓜籐間慢慢尋覓、前進，找著熟透瓜果，便畫潑墨般，大刀一揮，瓜果迸裂成二，接著剔去瓜瓤、挑出瓜子、和著雨水滴滴答答倒進水桶裡，連續動作快速、重複，即使下著雨，間或打雷閃電，但沒人理會。

媽媽說，年少時在番薯田裡除草，飛機從天上轟隆隆過，他們根本不躲，工作都做不完，哪有時間躲，況且他們知道轟炸目標是附近的糖廠，除非飛機一直在頭頂上盤旋不去，才意思意思，拉些番薯籐遮掩。

遇空襲無須閃躲

「不怕嗎？」我有點驚訝，小學防空演習時，同學一個個縮頭縮腦、掩耳遮眼躲桌子底下，還嚴禁吱吱喳喳耳語，如臨大敵般，但現實生活裡，飛機就在頭上卻沒當一回事，生活的壓力比炸彈可怕？

「其實那些飛行員也不是真要炸人，只要做個樣子，表示害怕了，他們也就走了。」媽媽說。

「有這種空襲！聽著都覺溫暖。」即使戰亂，人與人之間還是有情味的，陌生無妨。

「都是為生活打拚的老百姓，大家無冤無仇。」媽媽說著，手仍不停的挑著瓜子，頭也沒抬，在她的生活哲學裡，工作永遠優先。

雨繼續下著，沒有停的意思，雷聲轟隆，我們蝸速前進，不能停。

突然，暗沉的天色乍亮，一道閃電劃下，大約在三十公尺前方，我嚇了一跳，站起拍拍胸口，別怕，喘口氣，彎下腰，繼續找成熟瓜下刀，沒一會兒，又一道閃電劈下，就在眼前，手上的刀子隨著我一聲慘叫落下，不能不怕了，爸爸提起水桶喊：「快走。」聲音穿過雨簾有點曲折，我彎身想撿回刀子，媽媽伸手拉過我：「別撿了。」又一道閃電劈下。

瓜子殼散落滿地

一路上響雷、閃電繼續催逼，泥濘的牛車路高高低低，好像走不完似的，四野一片空濛，天地間彷彿只剩下三個急急奔逃的小人物，原來，生活如此艱難。

比氣象報告晚了一天，隔天雨停了，陽光微微露臉，爸爸看看天色，時晴時陰，只能賭了，水泥地上鋪張大型塑膠帆布，瓜子只鋪半邊，另一邊預留著，只要雨一來，半邊塑膠布一拉，蓋在還沒定型的瓜子上，三面邊緣捲起用磚頭壓實，預防雨水滲入，放晴後掀開繼續曬，這樣掀掀蓋蓋幾回，終於把汽油桶裡湯湯水水的瓜子曬得平整黑亮，抓一把在手裡，輕盈乾爽，手一鬆，瓜子從指縫間穿過，嘩啦嘩啦響，像唱著歌。

現在，每次嗑瓜子，我總是細細嗑、慢慢剝，一粒也不隨意放棄，不論平整或歪扭變形，都各有滋味，張愛玲說：「紛紛的歲月已過去，瓜子仁一粒粒嚥了下去，滋味個人自己知道，留給大家看的唯有那滿地狼藉的黑白的瓜子殼。」

在滿地狼藉的的瓜子殼裡，那一年、那幾場雨、那幾道閃電，我一直記得。

原載於《中國時報》人間副刊，二〇一五年八月十九日

生魚片與啤酒

劉梓潔

1980年生，彰化人。臺灣師大社教系新聞組畢業，清華大學臺灣文學研究所肄業。曾任《誠品好讀》編輯、琉璃工房文案、中國時報開卷週報記者。曾獲得聯合文學小說新人獎、林榮三文學獎散文首獎、臺北電影節最佳編劇與金馬獎最佳改編劇本。著有短篇小說集《遇見》、《親愛的小孩》，散文集《父後七日》、《此時此地》。現為專職作家、編劇。

在我腦海中，永遠有這樣一幅淳美如小津電影的影像。老爺爺從屋裡出到了院子，點了一根飯後菸，那身形，是有一點悵惘的，但他手撐著腰，強振精神，對著將上車的孫子和孫女，精神抖擻地說了句：「我們家妹啊尚了解我，今晚呷得真爽！」而後一人默默看著車燈離開院子。那是一個中秋夜。

那年中秋沒有烤肉，家裡沒有任何過節氣氛。因為，父親在加護病房，已經第五天。加護病房一日開放三回探病，我們那幾天的作息是這樣，早上探望，擦乾眼淚，回家吃午飯，午後探望，擦乾眼淚，回家吃晚飯，再去探望。那天，探過下午那一輪，去醫院附近的三嬸家休息，返家已近傍晚。哥哥開著車，說起這幾天爺爺精神都好差，我說，那我們來做一件讓他開心一點的事吧！

車子繞過家門，到了「北斗」。那是緊鄰家

鄉的小鎮，離家已十年，對市街陌生，僅隱約記得幾家日式氣派建築、家族聚餐去過的餐廳，名曰：福岡、菊屋、富山……每次的宴席桌菜，一定都先上一艘浮誇大龍船，船上盛著碎冰，擺滿生魚片和日式小菜。

我們選了「菊屋」停靠，我下車去。餐廳裡人聲鼎沸，一桌桌團圓歡樂，我訥然尷尬站了一會兒。老闆娘熱絡招呼引導，我順利完成任務。至今我都很感謝她，溫暖世故地對待一個，不明所以紅腫著眼睛、羞怯點菜，且只外帶一份綜合生魚片，一份綜合壽司的年輕女孩。

我們拎著那兩個餐盒和一瓶臺灣啤酒進門，我用日文逗著爺爺：是 Ki-Ku-Ya（菊屋日語發音）的呦！爺爺一如往常，節制而優雅地吃著。全家人配著中午媽媽準備的祭拜祖先的家常菜，簡單地吃完中秋團圓飯。然後，我們又得出發去醫院了。

就是那時，爺爺走到屋外，依然用最節制優雅的方式，表達了他的喜悅，與感謝。爺爺向來吝於表達，在家族後輩眼中，是個難討好的老人，能讓他說出「我呷得真爽」非常難得，也許，他也在安慰著我們。我不知道車子離去後，他是否抬頭看了月亮，車裡的我們，想必忘了賞月這事。

我記得很清楚，那回探病，昏迷多日的父親突然睜眼，慈愛地看了我們一眼。我們回家後還開心地告訴爺爺，這麼多天以來，爸爸今晚狀況最好！

然而，隔天早上，妹妹和我要回臺北上班，北上列車才過新竹，就接到醫院的電話了。現在常當笑話講給人聽的：我哭到周圍挨擠站著的收假北返乘客，不斷塞衛生紙給我。

那是十年前的農曆八月十六日。再接下來發生的事，我已經寫過了。

那時我二十五歲，對人事還很生澀，許多銳角都未磨圓，我跌撞著，也學習著。那個中秋夜，教會我的一件事，受用至今。那就是，悲傷困頓或低潮的時候，為自己點份生魚片，來杯啤酒吧。

原載於《自由時報》自由副刊，二〇一五年九月二十七日

不屈不撓的燉鴨

心岱

1949年出生於彰化縣鹿港鎮。十七歲離鄉到臺北，即以書寫散文與小說發表於各大報章雜誌，成為知名作家。曾任職中國時報專欄記者、民生報副刊主編、時報出版公司副總編輯，其間時有創作問世，著作散文、小說、報導文學等文類共五十多本。

職場退休後，她把書寫聚焦在「貓」與「故鄉」，除了出版貓美學的研究外，更下鄉尋訪臺菜祖師爺的鹿港刀指師，把鹿港從王公貴族的飲宴到販夫走卒的日常，從神明的供品到庶民的三餐，連結出一頁頁廚藝傳奇，並深入探尋她在食育養成中的關鍵滋味，完成「鹿港尋味」一書；本書收錄的篇章，就是她咀嚼人生百味的心經。

沒有受過學校教育、完全不識字的母親，天生巧手、伶俐，尤其煮食這一項，特別聰慧，她自從憑媒妁嫁到鹿港，不僅是負責李姓大家族的廚娘，還要張羅一家二十多口人餐食的費用，但她始終任勞任怨地挑起這個阿信角色。也許因為這種歷練，母親後來對於廚藝的鑽研，更是用心與用情了。

我是家中的么女，集家人寵愛於一身，家事不必分攤的我，樂得飯來張口，當然更不需要到廚房勞動，廚房的工作很多，包括清潔環境、洗碗、熱菜（當年沒有冰箱，儲存剩餘菜肴必須加熱、放冷，然後才能收進「菜櫥」），提水裝滿水缸、爐火換「連炭」（一種媒材）、倒垃圾……這些都是姊姊們輪流要做的工作。我只會跟著媽媽去菜市場買菜，所以從小我對市場賣的吃食瞭若指掌，我會偷偷要求父親帶我去品嘗，再藉故說給媽媽聽，請求她也試做。

但這些無非是孩子有興趣的小吃或甜點罷了，媽媽也總是說她很忙而敷衍，真的，經常看她待在廚房，原來母親除了煮三餐外，有一些額外的食譜是專門做給父親一人獨享的。

其中，有一道「燉鴨」，就是我所知道的祕密。

守著火候就好

「燉鴨」如同這個詞；「燉」加「鴨」兩字而已，再沒有其他了。鹿港人稱菜鴨為「菜鴨母」，意指菜鴨都是「母」的（公鴨沒有經濟價值，在剛出生就被人工淘汰了），年輕時是「蛋鴨」，老了才成為做菜的食材。

早年臺灣的家禽，以鴨為主流，蛋也只有鴨蛋，所以考試紙上被老師批「0」，便被戲謔「吃鴨蛋」。五〇年代之前，雞並不普遍，只在民家少量飼養，雞蛋昂貴而稀少，連拜拜用的三牲，也是「豬、鴨、魚」。

臺灣鴨大約三百年前明末清初時期，隨閩粵移民引進，後來荷蘭人帶來歐洲鴨種，則以「番鴨」區隔。菜鴨養殖在當時農村勞力與地理環境的有利條件下，成為臺灣鄉間很特殊的景觀，鹿港有地名「鴨寮」，就是養鴨專戶的集中地，電影《養鴨人家》也在鹿港拍攝。

對於戰後嬰兒潮的我來說，鴨的故事豈止這些，它是媽媽食譜的外一章，更是我廚藝學習最心驚動魄的一課。

我在高中考試落榜後，曾經到臺中的姑婆家當傭，進廚房從打雜開始，姑婆特別提醒：廚房最大，磨練廚藝，直可與得道相比。當時懵懵懂懂的年紀，根本不明就裡，倒是她派的廚娘老師，我得認真聽訓，每天除了清潔環境的工作外，要學刷鍋、洗菜、洗碗、擺餐具，然後用刀、切菜；熟食材、背香料、算斤兩、看菜單；上菜場認識店家，辨別貨色，如此，都摸到皮毛了，再來鍛鍊五感的敏銳：油、醋、茶、酒的嗅覺，鹹、辣、甜、苦的味覺，水、火、氣之相容、互斥所發出聲音的聽覺，蒸、煮、炒、炸、烤之色澤變化的視覺。

這樣過了一年半，才有機會接近爐子，拿起鍋鏟，但此時卻因姑婆家族的爭產事故，導致她必須渡海到外國去打官司，我的實習之路，被迫中斷。

我整裝回到鹿港老家，不知如何啟口說明，終究，我是被辭退了，雖然理由好像冠冕堂皇，但如此突然，我根本還沒有下一步的計畫。媽媽開門劈頭就說：姑婆有信送來，還給了一張支票給妳呢。

我著急地問：信寫些什麼？

「她準備去日本找兒媳依親，老了，希望含飴弄孫吧。姑婆的難處，我們是理解的，妳跟她緣分淺吧，不過，老人家很周到，給妳一筆不少的支助。妳回來正好，先幫我『燉鴨』。這是爸爸每天都要吃的藥補。」

從布莊退守回家休養的父親，不像在臥病，他每天晨起懸腕練書法，一邊吟詩念文，一邊等待母親的私房菜出爐，每天都小食至少六餐，說這是「以食補為藥」。

「就是『燉煮』，沒有任何花樣，只要守著『火候』就好。」媽媽把我召進廚房這樣加了註解。

當時鎮上還沒有瓦斯，一般使用「連炭爐」（連炭：圓椎體，中間有規則的孔洞，以透空氣助燃）。以上下兩顆連炭交替燃燒，若一個燒盡，則換上新炭延續火苗。這種爐子用來炒、炸都沒問題，最難的就是「燉煮」，雖然爐門可以調整火候大小，但你不知道爐裡兩顆炭的燃燒景況，等到你看出端倪，往往已經過度或不足。必須經驗豐富的老手才能駕馭。

「跟煮飯差不多嗎？我以前常常煮出生熟不勻的飯。」我很不安。姑婆家的廚房，不僅裝有瓦斯，還有電鍋、烤箱這些方便工具，我早已忘記怎樣用連炭爐「煮飯」呢。

「你爸爸不能吃米飯，現在都煮薏仁或小芋頭、小米這些甜分少的雜糧果腹。」

「那更費力氣吧？」我問。

「是啊，雜糧當點心偶爾嘗嘗還可以，當主食畢竟不習慣，那會得厭食症。」母親憂慮地陳述著她如何變化小芋頭的烹調方式，以讓父親提升食欲。

小芋頭洗淨連皮，利用洗米水燉煮，這是為了讓小芋頭的中心部位也變得鬆軟，使用小火慢慢地燉煮熟透。然後將米湯倒掉，此時得準備已熬好的高湯在旁邊等待，溫度要跟先前的

「米湯」差不多，將高湯倒入小芋頭的鍋裡，繼續小火燉煮。

對時間的敬畏之心

母親叮嚀我，燉煮基本上就是「加熱」的方式，但加熱有段數，一鍋水到底，那是「死熟」而已，要讓食材吃起來有層次，就得費工夫進行各種不同的轉換，尤其在轉換時，一定要維持相同的溫度，若讓溫差產生激烈變化，食材受到大刺激，表面會緊縮硬化，立刻關閉了大門，以致接下來的調味，根本不容易吸收滲透。

這道理跟煮飯不能掀鍋蓋一樣，都是為了維持恆溫的環境，讓食物溫馴、均勻到位。

至於高湯的取得，有時用豬骨頭或雞架子，有時換昆布、柴魚片，不然就是雞汁、肉汁或蔬菜等精華。高湯在媽媽眼中等同於「調味」一品，由於父親罹患糖尿病，油鹽糖都要戒，這使她非常難為。

媽媽利用火候讓乾硬的雜糧鬆懈，再以鮮美的湯汁使它們的形與味復原，最後每一粒都變得飽滿又柔軟。像薏仁煮成飯乾澀難入口，母親更要費盡心思，依循著筍的季節，將筍子放進淘米水中加熱，同時，要準備兩鍋高湯，一鍋高湯中先將薏仁飯放入加熱。另一鍋高湯則在倒掉煮筍的米湯後加入，由於筍子的纖維質此時飽含米湯，必須先讓筍子的水分與高湯互換後，倒掉高湯，再添加有薏仁的那鍋新高湯，兩者一起小火燉煮。其他如菇蕈、根莖類的燉煮也類同。

那麼現在這鴨子屬於體形較大的食材，該怎麼辦呢？

母親正在示範：把鴨體放進一鍋滾開的水中，然後要我搧風把爐火起旺，說：看到滾水起很多泡沫，大約二十分鐘後，撈出鴨子，把水倒掉。

接著，她把綠蔥、薑母、蒜頭與一大包藥材，塞入熱騰騰的鴨子腹內，置於充滿米酒的陶鍋內，另外架起蒸鍋，將陶鍋放入隔水蒸，每隔半小時，就得在外鍋加熱水，與調整火候一次。

她邊作邊教：「有人說，燉煮最簡單，有鍋有火就成，主婦連手也不會沾到一點油花。其實，燉煮的人，既要冷靜，更要對火候與時間有敬畏之心。過強的火常常造成食材組織的傷害，使形體崩塌，一定要均勻才行，這要靠相當的細心與耐心，一點一滴地調整，直到掌握到最合適的地步。」

父親病倒之後，媽媽成了貼身看護，出入醫院之外，還要特製私房的食療品，這些年她不知研究了多少花樣的燉鴨呢。聽她敍述，同是燉煮，想要變化滋味，除了佐料不同外，燉煮的火力與工序也要跟著有起落。不僅要顧蒸鍋，還要看好爐火，一點都不能馬虎，如此三個小時整整，守在爐子旁邊的我，汗流浹背、口乾舌燥，對照姑婆家的舒適廚房，我果真還沒有吃到苦頭呢。

「受不了煙燻，就出來洗把臉。」

媽媽為了我加菜，去市場買東西剛回來，卻惦記著我可能受不了連炭燃燒的煙氣，正在用抽水機打水到臉盆裡，淚流滿面的我，其實是看到她削瘦身影裡所支撐的那份「不屈不撓」而激動不已。

那一夜，父親很是興奮，要媽媽把燉鴨整鍋上桌，他不再斟酌食療的時辰，也堅持大家一起品嘗，不要獨享。他說：鴨肉好，脂肪低、熱量低，鐵質跟維他命很豐富，尤其含有煙酸，是人體輔酶的成分之一，對心血管有保護作用……

「食療學問很深，一輩子也探究不完，關鍵在於料理要得法，否則白費了心機。但怎樣才能發揮療養的效用，光看史料的記載是不合時宜的，病人必須親自持續又反覆地實驗，而做為藥補的鴨子，更要在不屈不撓中成就……」父親說了一大串我都沒有聽進去，但我彷彿聽到他的總結：這就是人生的滋味。

曾幾何時，父親因病忌口，只好研究起食療來了，燉鴨是他當藥吃的佳肴，但再美味的極品，也無法消受了。他淺嘗即止，胃口似乎不佳，話說多了，顯得衰弱無力，母親扶他回房躺下，我則慶幸病色的沉重，使他沒機會過問我對未來的打算。我彷彿逃過了什麼，罩頭的壓力頃刻化為烏有，便一個人將燉鴨大快朵頤起來。

少不更事的我，竟不知這是與父親的最後一餐。那年初夏，父親闔眼離世了，母親從此長齋茹素，我離開故里重回校園。我沒再進過廚房，那曾經是教我通往殿堂的一扇門，我在不識人生滋味前，就關閉了它。

原載於《自由時報》自由副刊，二〇一五年十月十四日

論述

論飲食文學

朱國珍

臺灣清華大學畢業。東華大學英美文學研究所藝術碩士。
華視新聞部記者、新聞主播。時報國際廣告公司總經理特助。現任廣播節目主持人。曾獲林榮三文學獎新詩首獎、《拍台北》電影劇本首獎、亞洲週刊十大華文小說、臺北文學獎。作品：《離奇料理》、《中央社區》、《三天》、《貓語錄》、《夜夜要喝長島冰茶的女人》。

誰啟蒙你的感官？

我最擅長「黃金炒飯」，每次炒飯上桌，兒子都會忍不住讚嘆：「媽媽，我好喜歡吃妳做的炒飯，這是全世界最好吃的炒飯。」

正當我心花怒放，在廚房裡找回一點自信心的時候，兒子突然補充一句：「媽媽，妳的炒飯真的好好吃。妳就按照這樣正常的步驟處裡，不要自己亂加『核廢料』。」

確實，我把烹飪當成寫文章，總是信手拈來，發揮創意，實驗的成分居多，好玩勝過一切。剛好，烹飪與寫作這兩件好玩的事加在一起，就是現在最時尚的「飲食文學」。

曾有論文指出一九九九年是「臺灣飲食文學元年」，因為詩人焦桐的《完全壯陽食譜》與智利作家阿言德的《春膳》在該年同時出版，將飲食與文學、個人至國族的情慾，開創出全新的里程碑。同年舉辦第一屆「飲食文學國際學術研討會」，設計「袁枚《隨園食單》主題宴」、「莫內印象主義晚宴」與「春膳餐宴」，每場邀集中外一百二十位學者與專業人士，引爆媒體話題。再加上華文世界第一本深度探討飲食文化的《飲食》雜誌出版，以飲食為主題的書寫逐漸成為類型文學。從專欄名家到部落客，到處都看到美食的鑑賞與推薦。

我寫飲食散文的啟蒙並非來自於美食的追求或驚艷，而是很單純的，作為一個母親，想給孩子吃健康的食物，留住媽媽的味道。但是回顧自己的烹飪經驗，盡是慘不忍睹的創傷，包括煮出催吐的炒米粉、害妹妹食物中毒的烤香腸、帶著麻油雞去慰問住院的父親，結果讓他瀉肚又多住了好幾天醫院。總是做出離奇料理的廚娘，竟然也把兒子養得高高壯壯，只能說真愛無敵。是的，兒子啟蒙我創作飲食散文的慾望，他陪伴我走過十三年的廚房戰場，從嬰兒食品到轉骨藥膳，每一次都認分吞下我的愛心。

您有沒有想過，為什麼要寫飲食文章？是富過三代自然養成的品味？還是喜歡眾人圍爐暢飲喧囂的歡樂氣氛？或是，戀慕著陪伴吃飯的那個人，只要靠近他的鼻息，空氣都變成了香料。當然，如果您是營養學專家，就會關注食安問題；如果是歷史學者，也許就像法國教授 Jean-Mark Albert 寫出《權力的餐桌》，開宗明義：「餐桌的藝術是一種統治的藝術。」

任何文類都不例外，必定是在某個時刻被感動，被某人、事、物撞擊到腦部的詩情記憶，渴望在剎那間抓住飛翔的青鳥，才開始提筆寫作。飲食文學也是如此。為了紀錄兒子的成長，我意外發現到，食物是我們之間沒有剪斷的靈魂臍帶，在生活中油鹽醬醋的瑣事裡，浸潤了無法言語的情感。我的飲食書寫，是一場文字與人生的冒險旅程，成為母親之前，我幾乎不進廚房，是個廚藝二等兵，現在，卻為愛勇往直前。幸好，在這趟探險之旅中，有許多好朋友陪伴我，其中有些人已經過世了。放心，我要講的不是靈異故事，而是進入飲食文學世界必要認識的幾個文壇一哥，例如薩瓦蘭、蘇東坡、袁枚。在下一次的文章中，我將邀請您共同演出一場美食穿越劇。

探索

讀國一的兒子交作業，和我討論如何寫作文。上次學校出題《可貴的合作經驗》，從小讀山區學校，全班只有六個同學的他，印象裡實在沒有什麼可歌可泣的事蹟，我只好幫他代筆，寫出「山居生活裡相依為命的母子，願意吃下媽媽做出難吃的離奇料理，是為可貴的合作經驗。」讓他得到有史以來的最低分四分。他後來又問我《默默付出的人》要怎麼寫？我說：「即使在寒冷的冬天，總有一個人每天清晨甘願比你提早二十分鐘起床，只為做出熱騰騰的早餐，讓你吃飽了去上學。」

他冷眼回應：「媽媽妳又來了。」

我則是從中獲得啟發，怎麼連續兩個題目的發想都與飲食有關？看來飲食真是一種拉近人類之間距離的最好話題。

法國美食家薩瓦蘭，在其流傳後世的名著《味覺的哲學》開宗明義便提到：「飲食和生活息息相關，影響著人們的健康、幸福，甚至人們的事業發展。」大仲馬集百家於大成的《美食詞典》，更被他認為是一生引以為豪的兩大傑作之一（另一個傑作是小仲馬）。

我寫所謂的飲食散文之前，老實說經歷過一段陣痛期。敝人生活簡單，對吃更不講究，為養育兒子走進廚房，唯「營養均衡」是上綱。但孩子天生會吃，我天生愛寫作，便將與飲食有關的生活點滴，寫入文章裡，然而初試飲膳隨筆，自己愈看愈詞窮，情懷也不夠高尚，便開始向外取經。華文創作者已開創各家風格，如梁實秋、汪曾祺、焦桐，為當代美食論述奠定里程碑；古人中善烹能寫的大作家如蘇東坡、袁枚、李漁的境界更是難以超越，光是《隨園食單》在年度飲食文選當中就被多人引用多次，可見一代宗師的地位。那麼，我從西方大文豪的作品中汲取養分吧！這才發現，西方文獻中對於飲食這門學問的研究，可以大到文化政治人類學，也可以小到自家的餐桌。薩瓦蘭的美食聖經已供奉在床頭神龕；美國飲食文學界指路名燈 **M.F.K** 費雪的《美食家字母表》，更是飲食文學入門 ABC；想要親自下廚？伊莉莎白大衛的食譜書已臻妙境；最後，連個《橄欖》都可以被 Mort Rosenblum 寫成文明聖物，榮獲一九九七年全球美食最佳寫作獎。我的書寫自然無法超越前輩作家，就連引經據典，恐怕也已落人後。

這就是我的焦慮，以為書寫吃喝瑣事很簡單，然而想要寫出佳作，從「營養均衡」到「五味雜陳」，這一番苦功，可練得眼盲腦慌。我渴望開創飲食文學的書寫新局，不落前人窠臼，從近代西方作品中取經，直接參閱英文原著，沒想到才剛認真讀完麥可波倫二〇一三年全新創作「Cooked」英文版，臺灣隨即在二〇一四出現繁體翻譯書。我火熱的野心彷佛遇到寒流，翻譯機敲到手軟為那樁啊！

現在寫出來也不怕人家笑，我畢竟是個用功的創作者，挑戰飲食文學新領域，還是認真做足功課。這些古今中外的文學養分，我全部都吞了下去，期望有朝一日，即使變成小說題材，也能寫出威廉巴勒斯的《裸體午餐》或瓊安哈莉絲的《濃情巧克力》。

莎士比亞說：「本人是神的使者，讀者宜洗耳恭聽。」我沒大文豪的骨氣，但是在飲食文學的創作之道上追求真理，也絕對不遺餘力。請容我引用韓愈《師說》中的經典名句：「道之所存，師之所存也。」這就對了，任何文類，任何常識，誰能說出道理，就是我的老師。治國如烹，我的創作力量，始終來自人性，來自民間。

三寸之間

晚餐時光，兒子問我吃什麼？我指指面前的烤地瓜，說：「獨居老人都吃烤地瓜，自己種的，餓了就挖來吃。」他說妳又不是獨居老人。便把臘味飯裡的肝腸撿出三片，放進我的碗中。我又說：「獨居老人不能吃太多肉，便祕的時候沒人幫忙擦屁股。」十三歲的青春花美男愣了兩秒，恍然大夢初醒：「我便祕的時候也沒人幫我擦屁股啊！」

真相大白！有件事我必須跟讀者告解，就是我沒那麼愛吃美食，完全不是個吃貨。年輕時往來三教九流的朋友，淺薄的青春找不到交集，唯一產生共鳴的只有「吃」，從潮餐廳到路邊攤，從玩噱頭的禁語鬼店到明星投資的游泳池邊酒吧，哪裡有話題我們的身影就閃到哪裡，有沒有吃飽不重要，有很多花樣比較重要。所以究竟在腸胃裡塞進了什麼東西？早就忘記了。唯一在腦海裡朦朧浮現的身影，也儘是些早已失去連絡的友人。

後來寫飲食散文，先是往品鑑裡面鑽，卻鑽了滿頭膿瘡，感覺自己就像個擅長找尋松露的豬，即使搶在獵人之前一口吞進這珍貴食材，卻還是隻豬。我懂吃，舌頭像雷達，可以分辨出是紅酒或櫻桃白蘭地燉煮的法式水梨；炒磨菇時若放進迷迭香或羅勒葉調味，我甚至能夠準確評估出這兩種香草的比例。可是，我不會為此感動，因為，小時候好像在《濟公聖訓》裡看過：「才過三寸成何物，饞什麼」。長大閱讀《老子》，初識便觸目驚心：「五色令人目盲，五味令人口爽」。從神到哲，都訓戒著我們不要太貪吃，想要超凡入聖，成功之道在節食。

那麼我寫散文是來騙稿費的嗎？決不是。我熱愛寫作，挑戰各種文類是我的文字高潮。在飲食散文的領域裡，若不願推擠著長江前後浪沾黏攪和，儘往品鑑這條路營鑽，那麼就瀟灑一點，另闢蹊徑，往故事裡遊蕩。這也是我寫《離奇料理》的初衷，我看到的是食物背後的酸甜故事，以及讓料理串連起來的悲歡人生。最終，幕會落下，菜會吃光，同桌用餐的人江湖一場，法國歷史學者 Jean-Marc Albert 看到《權力的餐桌》，換成 Maguelonne Toussaint-Samat 則寫出《布爾喬亞飲食史》。

創作飲食文學，不必是柴米油鹽醬醋茶的會計師，最重要的是感受與感動。這是所有文類的基本 ABC，卻也是分辨才華良窳的門檻。我常覺得飲食散文的抒情性與山水遊記幾乎是異卵雙胞胎，藉著美景，大文豪如范仲淹，來到岳陽樓借題發揮，從霪雨霏霏寫到浮光躍金，最後卻是「先天下之憂而憂，後天下之樂而樂」。我的超時空偶像蘇軾，明明在冤魂無數的戰爭現場，卻還能看到白露橫江，水光接天的赤壁，而詠羽化登仙，最終悟出清風明月，盛衰消長之理。

美食也是一樣的道理。不要老看別人怎麼寫，最重要的是自己如何借物抒情，自寫懷抱。如此，才能創新格局。

三寸之間是舌頭到喉嚨的距離，再美好的食物經過胃液與直腸的小旅行就變成了屎，只有留在兩耳之間才是黃金，腦裡盤旋迴盪的詩情記憶，是一篇優秀的飲食散文，散發的雋永氣味。

最後，我一直在等待讀者投書，糾正文章中舉例的《裸體午餐》其實並不是一篇描述食物的小說，它的主題是毒品。我等待著智者的回音，正如同期望更推陳出新的飲食文學作品。

原載於《聯合文學》，二〇一五年一月、二月、三月。

吃貨的節食計畫

莊祖宜

師大英語系畢業，哥倫比亞大學人類學碩士。留學期間發展出做菜的第二專長，三十出頭終於決心轉行入廚，歷經廚藝學校與飯店學徒的磨練，煙燻火燎之餘並勤寫作分享餐飲見聞，著有《廚房裡的人類學家》，《其實，大家都想做菜》、《簡單．豐盛．美好：祖宜的中西家常菜》。婚後隨外交官夫婿四海為家，餐桌延伸至海內外。隨遇而安的性格孕育獨特飲食見解，以飽覽群書，吃遍四方，並認真思考一切與飲食有關的課題為人生志業。

從小到大我的身材一直屬於乾癟型，由於常年熬夜與神經緊繃，加上重度嗜辣和暴飲暴食導致腸胃受損消化不良，一直給人一種吃不胖的印象。這狀況在我生了孩子之後開始扭轉，首先是孕期囤積的脂肪難以消除，再加上月子期間被迫進補和靜養，不吃辣不喝咖啡，多年不適的腸胃竟然給養好了。從此有吃必有吸收，不只衣帶日漸緊繃，雙下巴和圓圓臉擠得眼睛都變小了。

難為的是，身為廚師和飲食作家，「吃」不只是我生活樂趣的來源，更可說是自我價值和身分認同的起點。看看坊間的健康節食菜譜，要不就減油少鹽，走清心寡慾路線，要不就低糖無澱粉，剝奪人類對麵飯甜食的基礎渴望。這與我引以為傲的食客精神背道而馳，不僅難以實踐，簡直就像是要求武林大俠自廢武功一般，從此豈不只能隱姓埋名，慘淡終日？

有限胃口的最大滿足

由於身材和自我認同都很重要，我決定實驗自創節食法，用自己最能接受，最可行的方式減肥瘦身。我的原則很簡單：不放棄任何想吃的東西，但除了真正想吃的食物之外，其他一律盡可能不碰。

也就是說，我過往「大肚能容」的豪邁風格以及從小奉為金科玉律的勤儉美德：「飯菜一定吃光光」，從此不再適用。那些盤底的肉末菜渣、多出來的幾口飯、西餐盤裡大把的薯條……如果可有可無，我告訴自己棄之並不可惜。外食若發現桌上的菜並不好吃，沒有必要因為已經點了就勉強吃光，因為花了錢又沒能滿足口腹之慾，徒增卡路里，是謂賠了夫人又折兵。我拒絕在無意識的狀態下抓吃零食，力求隨時清醒的注意自己到底想吃什麼，吃飽了沒有，而一旦吃得舒服了就適可而止，因為這時如果繼續多吃，不只容易變胖，滿足指數也會下降。如何在有限的胃口裡得到最大的滿足，是我這一年多來實踐節食計畫的最高指導原則。

我發現當味覺獲得充分滿足時，適可而止其實沒有想像的那麼難。身為職業吃貨，如何把每一道菜的味道發揮到極致一直是我關注的重點。美食對我而言從來就不需是珍稀名貴，但材料必須新鮮，火候調味必須做足，於是該鹹的鹹，該甜的甜，該炸得酥脆的油不能少。為此，節食期間我在家做菜和出門吃飯都不特別避諱高熱量的菜色，唯獨份量不能多，務必見好就收。反之如果為了健康瘦身而拚命減鹽減糖少油，最後食不知味，反而容易因欲求不滿而在夜深人靜時偷吃巧克力糖和洋芋片，飽受罪惡感侵蝕，自暴自棄。

兩年多來，我的小腹雖然還有待加強，雙下巴卻明顯消下去了，體重也已回歸正常。另外欣喜的是，由於養成了隨時詢問自己真正想吃什麼的習慣，我節制了許多不必要的開銷，更學會聆聽自己身體的需求。比方有時中午和朋友聚會吃得比較飽，那麼晚上喝碗湯就好了，沒有必要因為是用餐時間就非得規規矩矩的吃一餐飯。真心想吃肉的時候就吃肉，只想啃黃瓜就只啃黃瓜。如果肚子不太餓但口舌渴望麻辣的香味，那麼就意思意思燙二兩麵條加青菜，配醬醋紅油過個癮吧！我發現只要跟著身體自然的需求和韻律走，不但不容易過度進食，消化和睡眠品質都有所改進，而且由於吃得不多，買有機蔬果和放養禽畜也不必心疼傷荷包，對一己健康與環境生態都有所助益。

舒服至上的節食原則

比起以往那種為省而吃，為貪而吃，為人情而吃的隨意揮霍，我現在只求吃得舒服，少了那些其實本來就不太想要的大魚大肉與連帶的胃脹肚疼滯殆疲累，以致近來雖然帶孩子帶得很累，人人反倒都說我氣色比以前好了許多。這套舒服至上的節食原則當然不適合每個人（比如有心臟血管疾病和糖尿病的患者就必須分別注意脂肪和澱粉糖分的攝取），但對於那些身體機能基本正常，唯規律失調，過度囤積，新陳代謝開始減緩的初期體重失控者來說，隨時留心自己真正想吃什麼，吃舒服了就停，應該遠比計算卡路里來得愉快可行吧？身為無美食毋寧死的吃貨，「重質不重量」是我維持身材的有力準則，在此與大家分享共勉之。

原載於《中國時報》人間新舞台，二〇一五年六月二十八日
後收入《簡單・豐盛・美好：祖宜的中西家常菜》，臺北：新經典，二〇一五

論美食家

焦桐

1956年生於高雄市，曾習戲劇，編、導過舞臺劇於臺北公演，已出版著作包括詩集《焦桐詩集：1980-1993》、《完全壯陽食譜》、《青春標本》，及散文《我的房事》、《在世界的邊緣》、《暴食江湖》、《臺灣味道》、《臺灣肚皮》、《臺灣舌頭》、《滇味到龍岡》等等三十餘種，詩作被翻譯成英、日、法文多種在海外出版。編有年度飲食文選、年度詩選、年度小說選、年度散文選及各種主題文選五十餘種。焦桐長期擔任文學傳播工作，現任教職，並啟動臺灣餐館評鑑工程。

詩集《完全壯陽食譜》出版後被誤會成美食家，常有餐館邀請去試菜；我生性嘴饞，也從來不反對別人請客，乃無宴不與。然則吃久了不免心虛，人家餐館老闆請飯，無非希望得到一點意見，我草包一個，懂什麼美食？為了在餐館老闆面前吹噓，遂趕緊惡補飲食知識，努力閱讀相關典籍；沒想到竟讀出興趣，忽焉十幾年，大致保持每天閱讀的習慣。

於今回顧，我之研究飲食文化是從貪吃和吹牛出發的，一種膨脹的誇耀意識；後來發現，這種誇耀意識普遍存在於世俗化的美食家之中。在臺灣，當「大師」非常容易，常見朋友間互相戲稱大師，也不乏自稱大師、食神之流者，其實往往腹笥貧窘。

很多人聽了餐館經理說菜，就以為自己是美食家了。美食家並非資訊提供者，這年頭幾乎所有媒體都大量報導餐飲資訊，沒有人會真的缺乏。美食家也不是大胃王，更非誇耀吃過什麼昂貴食品或怪東西者。

像我這種貪吃鬼充其量只是老饕（gourmand），還沒有資格成為美食家（gourmet）。我長期是一個過度飲食者（overeaters），即使牙疼，也毫不動搖對美食的慾望。

那植牙醫師完全像獸醫，他一次拔掉我四顆牙齒，持續的疼痛和流血，整個下午癱在沙發上冰敷，雖則奄奄一息，心中猶渴望吞下一大碗冰淇淋。可能是天生有極強的自我憐憫能力，植牙那段時間醫囑吃點流質食物即可，我覺得自己不能吃東西很可憐，遂吞掉大量的粥、木瓜牛奶、果汁；療程結束，竟胖了三公斤。

我為何這麼沉迷於食物呢？修苦行的出家人大約會認為吃飯只為一具色身，沒什麼滋味可言。我之貪吃，恐怕和日本詩人種田山頭火（1882-1940）差不多，他雖然出家為僧，卻有一副放縱食慾的鐵胃，食量驚人，行乞時滿腦子在想今天能化多少緣？吃些什麼？我曾在山口縣火車站前的小公園看過種田山頭火的雕像，無法想像眼前這個有點矮小的花和尚，暴食程度竟勝過魯智深。

布里亞．薩瓦蘭（Jean-Anthelme Brillat-Savarin, 1755-1826）斷言美食主義是一門大學問，集雅典之優美、羅馬之雍容、法國之精巧，並匯聚高深之設計和高超之表演於一體，熔美食之熱誠、明智之鑑別於一爐。其高貴的品質可以用美德一詞來概括，此外，它同時也為我們提供最純粹的快樂。他說：「暴飲暴食是美食主義之敵；消化不良和爛醉如泥都是罪惡，務必從美食家名單中刪除（Gourmandism is the enemy of excess; indigestion and drunkenness are offences which render the delinquent liable to be struck form off the rolls.）。」

這就牽涉到食物的進出口問題。消化能力不僅顯示出器官優劣，也關係著個性。經常消化不良者，情緒必定長期低落。薩瓦蘭斷言詩人的悲喜屬性取決於消化能力：喜劇詩人屬排便正常者，悲劇詩人屬便祕者，田園牧歌、輓歌詩人屬腹瀉者。

華人餐館常歡喜吹噓曾有某某政治人物光臨該店。其實政客通常很乏味，每天忙碌於撈錢，滿腦子和胃腸都充塞著權位野心，吃飯只有止飢解渴的目的。拿破崙吃飯就馬虎而快速，而且沒有規律，肚子餓了就要立刻狼吞虎嚥。

美食家逯耀東教授生前謙說飲食是「小道」。飲食絕非小道，它是文化的最核心，張大千就愛以吃論畫，以畫論吃，曾教導弟子：「一個人如果連美食都不懂得欣賞，他又哪裡能學好藝術呢？」

蓋鑑賞美味必須器官的精密度，配合集中精神的能力，真正的美食家都有敏銳的心靈，和深厚的人文涵養。我最厭煩誇耀財富式的飲食習慣，《晉書》：何曾性奢豪，務在華侈，廚膳滋味，過於王者，食日萬錢，猶曰無下箸處。袁枚管這類誇耀性的食物叫「耳餐」，「耳餐者，務名之謂也。貪貴物之名，誇敬客之意，是以耳餐，非口餐也」。

食慾即生之慾，于右任：「人生就像飲食，每得一樣美食，便覺得生命更圓滿一分，享受無味甘美，如同享受色彩美人一樣，多一樣收穫，生命便豐足滋潤一分。」芥川龍之介自殺前對食物已了無興趣，甚至帶著恐懼和強烈的罪惡感。美食家自然對吃充滿熱情，食物出現前熱烈期待，接著細心品味，再通過有效的敍述回味。

愛吃的人多深諳廚藝，諸如張大千、譚延闓、王世襄、汪曾祺……大風堂食單聞名久矣，凡在張大千家裡當過差的廚師，出去開餐館都非常紅火。當年于右任在家款待毛澤東、周恩來、王若飛等人，亦親自制定菜單。

譚延闓家大官大，飲膳務求精細。後人道譚府家廚為「譚廚」者，是指為譚延闓做菜，並經過譚延闓指點的家廚曹藎臣（曹四）及其弟曹九。譚延闓位高權重，經濟寬裕，用料不惜工本，幾近豪奢，諸如一道鹽蛋黃燒芽白心，只取前一天晚上剛收割的黃芽白，去邊取嫩心，譚府吃這道菜，門外垃圾堆裡盡是黃芽白葉，這天，也是街坊鄰居的窮人最高興的時候。又如炒麻辣子雞，只取七百五十克左右的嫩子雞胸脯肉，三隻雞才能炒一份。梁實秋說：「從前南京的譚院長每次吃烤乳豬是派人到湖南桂東縣專程採辦肥小豬乘飛機運來的。」

喬治·桑在一八六六年二月三日的日記裡記載親嘗大仲馬的廚藝：「這頓飯是大仲馬親手做的，從湯到沙拉，總共十來道菜，全都可口無比。」大仲馬不僅是美食家，精通廚藝，人生的最後幾年專注在廚藝上，他很高興烹飪藝術的名氣幾乎蓋過了文學：「能在一個新的領域有所成就，我遺贈給子女的不僅僅是書——那些書他們可以受用十五年到二十年——還有鍋瓢碗盞，這才是他們受用不盡的，而且還可以遺贈給他們的後代。我遲早會為了掌勺而封筆，這是在為我一座新的豐碑奠基。」

又如陸游，廚藝恐不遑多讓於蘇東坡，我們讀詩作〈洞庭春色〉、〈山居食每不成肉戲作〉、〈飯罷戲作〉，當可略知他的手段。

品嘗美食是審美活動，不能缺乏敏銳的心靈和知識底蘊。臺灣「米其林」綠色指南竟將滷肉飯譯為「Lu（Shandong-Style）Meat Rice」，並解釋作法和來源：「豬肉塊與洋蔥炒過後煮熟，是緣起於山東（中國東北）的著名小吃」，所述做法和起源完全錯誤。

接受電視臺採訪，才知道這本米其林綠色指南是政府花數百萬元委請他們製作的。本來不值得回應，可米其林這種文化現象，竟令我們帶著一種自我臣服的情結，面對洋人的味覺，自信心常集體崩潰。洋人舞動著他們的舌頭，指揮國人的味覺。

沒多久，又聽說有美食家附會「魯肉飯」源自山東，並斷言它就是周天子常吃的八珍之一「淳熬」。似是而非的理解更令人錯愕。首先，臺灣的街頭巷尾，有不少店家誤將「滷」肉飯寫成「魯」肉飯，這類筆誤隨處都有，吾人見怪不怪，卻和山東毫無瓜葛。何況周天子的所在地是洛陽，在今天的河南西部，不在山東。

最早記載八珍的文獻見於《周禮．天官冢宰．膳夫》，周天子每天食用的八珍中「淳熬」、「淳母」兩種都形似今天臺灣的滷肉飯，也形似中國大陸的肉醬蓋澆飯；形似卻相異。《禮記．內則》解釋淳熬：「煎醢，加於陸稻上，沃之以膏。」說明淳母則是：「煎醢，加於黍食上，沃之以膏」，淳母和淳熬一樣，只是改旱米為黍米，一樣將煎好的肉醬加油脂覆在米飯上。

醢，是以肉類為主料製成的肉醬，製法是先曬乾肉，剁碎，加鹽、酒，拌入酒麴，密封待其發酵後食用。可見淳熬是醃漬過的肉醬，加上動物脂油，覆於米飯上，做法、形式、內容都迥異於臺灣的滷肉飯。

此外，臺灣滷肉飯使用豬肉臊，不曾出現周天子所吃「六牲」中的肉類：牛、羊、犬、雁（鵝）、魚。周天子吃飯，得上一百二十罋醢，除了用六牲醃製，還不乏雞、兔、鹿、麋、蛤、蚌、蟹、蝸牛所製作的肉醬。與其說現在的滷肉飯是三千多年前的淳熬，不如說淳熬、淳母像罐頭鯷魚、罐頭鯰魚澆飯，古代的冷藏條件差，盛行醃漬食物，又油又腥的罐頭鯷魚和鯰魚才像。

起初，路邊攤未加考究，誤將「滷」作「魯」，因襲日久，有些店家遂以訛承訛。我們毋須計較攤商寫錯別字，萬萬想不到世俗化美食家大膽至此，竟望字生義，據「魯」胡扯。

世俗化美食家的共同特色是講話沒有根據，常胡說八道。另一知名美食家還對記者說：「魯肉飯百分之九十九點八出自山東應該沒錯。以四書《孟子》出現的『膾炙』一句來說明，

『膾』是生肉片，切成條狀，用『炙』的方式處理，然而，兩個字相合為『膾炙』的解釋多元，現代人習慣解釋為『烤肉』，但其實也蘊含『滷』的意義。」這段敍述非常滑稽，穿鑿附會已嚴重到走火入魔的地步。蓋膾乃細切的魚肉，亦泛指切割，《禮記．少儀》：「牛與羊魚之腥，聶而切之為膾。」鄭玄注：「先藿葉切之，復報切之，則成膾。」《詩．小雅．六月》：「飲御諸友，炰鱉膾鯉。」

也不知道什麼緣故，現在四面八方都是美食家，我們走在街上不小心就會撞到美食家。然則美食家絕非一天到晚吹噓吃過什麼稀珍的人；哎，從前的美食家是要讀書的，心靈也要夠敏銳的，味覺要夠靈巧，講話也要誠實，像蘇東坡、陸游、李漁、袁枚、朱彝尊……

遠藤周作看不慣裝模作樣的老饕，說自己是世俗化老饕眼中的歪道，進了壽司店，會先吞個新鮮的海膽壽司，再來個布滿油花的鮪魚中腹壽司，最後吃炭烤蝦壽司；這種吃法是最被他們鄙棄的。他認為真正的老饕，要「以自己的舌頭吃遍連市井小民都不知道的小店，並用自己的味覺去『發現』美味，或借此鍛鍊自己的舌頭以察覺到美味」。美食家總是忠於自己的感覺，不會裝模作樣。

美好的食物會徘徊在腦海裡，喚醒呆滯的味蕾，然則什麼是美食？我心目中的美食無涉價錢，而是好食材，遇到好廚師，認真仔細操作。鄭板橋在寫給弟弟的信中提到貧窮的漁人，「取魚撈蝦，撐船結網；破屋中吃秕糠，啜麥粥，搴取荇葉蘊頭蔣角煮之，旁貼蕎麥鍋餅，便是美食」。

好食材是當令當季的健康材料。日前來到番禺沙灣鎮「紫坭魚庄」，傍江營業，沒有菜單，每天的菜式視當天漁獲而定，價格則隨行就市，店家僅問了人數，就上捕撈到的魚，只加了適量的鹽、油清蒸，也談不上火候，比較特別的是堅持燒柴火；蒸得有點過度的黃花魚、立魚、邊魚、鱸魚皆不稀罕，擺在鐵盤上，模樣簡單到幾近笨拙，粗糙卻質樸；邊吃飯邊觀賞江上行船，覺得魚肉十分鮮嫩細滑，滋味美妙，又充滿野趣。

這就是原味的魅力了，原味和新鮮，提醒我們把握當下，珍惜目前。大凡美食皆追求甘美純淨，它喚起的不僅是味覺感受，更是掩不住的愉悅。

從青年到糟老頭，我一直維持著旺盛的飢餓感，從前覺得自己一天比一天胖，現在是一餐比一餐胖，雖則不想把自己的肚皮當上帝來崇拜。約翰生博士說得好：我在意我的肚子；不在意肚子的人，也不會在意別的事情。

原載於《聯合報》聯合副刊，二〇一五年九月十三日

幫豬油平反吧

陳俊旭

國立臺灣大學復健醫學系學士、美國巴斯帝爾大學（Bastyr University）自然醫學博士。旅美十多年，學貫中西，除了國內外完整醫學訓練外，還領有美國正式自然醫學醫師執照。近幾年傾全力撰寫健康系列叢書，並在美國、臺灣、新加坡、馬來西亞等地做巡迴演講，以期能推廣正確的自然醫學知識，提升全民健康。2009 年起，陸續於臺灣、美國兩地開設健康課程，並在美國加州成立診所，以提供更全方位的健康醫療服務。

現任：台灣原自天然有限公司研發總顧問、美國維爾康天然診所院長、社團法人台灣全民健康促進協會理事長。著有：《吃錯了，當然會生病！》、《吃對了，永遠都健康》、《怎麼吃，也毒不了我》、《pH7.2 解開你的體質密碼》、《過敏，原來可以根治！》等書。

吃豬油健康嗎？這個問題，在不同的年代，有截然不同的答案。

在臺灣，豬油自古以來就是居家常備烹飪用油，以前的阿公阿嬤吃了一輩子豬油，健康都沒什麼問題。豬油拌飯曾經伴隨多少臺灣家庭，走過經濟拮据的年代，在吃不起豬肉的日子裡，能補充身體必需的脂肪。吃豬油，曾經是一種美味與健康的象徵。

然而，大約在四十年前，受國外醫藥界和食品界的影響，臺灣人一下子突然認為吃豬油很不健康，飽和脂肪多，會提高膽固醇、堵塞血管，因此紛紛改吃植物油。家庭主婦改買桶裝的沙拉油，而路邊攤販也大多放棄豬油，改用氫化油或沙拉油來油炸食物。

最近幾年，好像又有人開始鼓勵吃豬油了！尤其從二〇一三年起，黑心油品層出不窮，許多人擔心市售油品不安全，怕吃到餿水油、地溝油、飼料油、棉籽油、皮革廢油，於是，豬油又重出江湖。不但超市有賣，連有些家庭也開始自製豬油，認為至少原料是自己看得見的新鮮肥肉，而非餿水油，比較放心。

到底豬油是好油還是壞油，該吃還是不該吃呢？在探討豬油健康與否之前，我們先來看看世界各國使用豬油的歷史。

〈好香好濃〉各地美味料理　少不了豬油

自古以來，世界上很多國家都在使用豬油，差不多有吃豬肉的地方就會吃豬油。因為豬油是豬肉的副產品，只需要一個鍋子和一個爐子就夠了，每個家庭都可以在廚房裡自製豬油，相當方便。

在歐洲和北美，一些奶油和植物油產量比較少的地區，很多人會用豬油代替奶油塗抹麵包。在歐美的很多偏遠地區，在麵包上塗一層厚厚的豬油，是一道鄉村美味。在英國和法國，大廚師都知道用豬油非常美味，不但高級餐點都盡量選用豬油烹飪，甚至大部分的糕點都會使用豬油來烘培。在墨西哥，豬油不但是常見的食用油，甚至豬油渣也不浪費。

在臺灣、泰國、和中國南方，豬油一直都是主要的食用油，例如以前臺灣人常用豬油拌飯和拌青菜，加一點醬油，就很好吃，是童年的美味。香港至今有些餐館還在賣豬油撈麵，生意很好。

臺灣人婚禮上贈送的喜餅（俗稱大餅）、中秋節吃的月餅，傳統上都是用豬油來製作，有一股獨特的美味，但現在大部分的月餅和大餅，已經改用「植物酥油」，或稱「起酥油」來製作。這種「酥油」也就是「氫化植物油」，裡面含有反式脂肪，是地球上原本不存在的物質，是健康的隱藏殺手，吃多了會導致心臟病、腦中風、過敏、自體免疫、關節炎、甚至癌症等等。

美國已經決定在三年內全面禁止氫化油的使用，人造氫化油的壞處遠比天然的豬油大上千百倍，很多現代人深受其害，卻不知所以然。

〈誤會可大了〉豬油被打壓　美國研究搞的鬼

世界各國使用豬油的歷史非常悠久，但曾幾何時，陸續有美國的沙拉油公司開始呼籲消費者要多吃不飽和脂肪，少吃飽和脂肪。他們所提出的論調是豬油含飽和脂肪高達三十九%、含高膽固醇（每一百克豬油中含有九十五克膽固醇），所以，由此推論吃豬油容易產生血栓，導致心臟病和腦栓塞。

美國在一九五三年做了一項重要的研究，分析二十二個國家的飽和脂肪食用量和心腦血管疾病之間的關係，結論證實毫無關聯，但發表這論文的吉斯博士（Ancel Keys, PhD）卻操弄實驗報告，挑出六個國家，硬是連成一直線，「證明」飽和脂肪吃越多越容易罹患心血管疾病。

姑且不論複雜的研究報告如何被篡改，我們用簡單的邏輯想一下，如果豬油會堵塞血管，那麼，豬應該老早就把自己堵死了。事實上，哺乳動物的體內脂肪，雖然很高比例是飽和脂肪，但在正常的體溫之下，是不會堵塞血管的。

早期使用豬油的國家，人們體態輕盈，而且身體強健，但最近幾十年來，世界各國的超級胖子越來越多，而且癌症、腦中風、心臟病、過敏、腎病的罹患率不斷攀升。臺灣的癌症罹患率，已經連續三十二年蟬聯十大死因之冠，腎病盛行率自二〇〇三年以來穩居世界第一，這和飲食錯誤有密切關係。

從油品的角度來看，拋棄豬油和其他天然油品，而改用加工過度的氫化油和沙拉油，是不是一個重要的致病因素呢？

〈平反有理〉豬油有缺點　但可解套

其實豬油沒那麼可怕，現在該是站出來替豬油平反的時候了。在現代常用的油品當中，豬油屬於不好不壞的油，氫化油才是大壞油。

豬油真正的缺點，在於「花生四烯酸」，這是一種容易促進發炎的二十碳酸，多吃的確會導致身體容易發炎，誘發慢性病，但是，只要多吃蔬果，補充亞麻仁油、魚油，擁有優質睡眠，就可抵消它的缺點。

另外，也要注意豬隻的飼料與環境，若有污染，也會讓豬油裡面含有毒素，那就真的會危害身體了。所以，購買來源可靠的豬肉或豬油是重要的關鍵。

講完豬油的缺點，在此我總結一下豬油的優點：

第一，味道獨特：使用豬油烹調的料理味道獨特深受老饕、廚師等行家的喜愛，不論在歐美、甚至臺灣，自古以來豬油都是很受歡迎的食用油。

第二，冒煙點高：約攝氏一百八十二至一百九十度，可用來炒菜、煎魚、油炸等。

第三，烹調無油煙：豬油不小心沾附在流理臺或抽油煙機上容易清洗擦拭；若是用沙拉油烹飪，長久下來的油垢又黏又黑，非常難以清洗。

第四，保存時間長：豬油在室溫下為固體，相當耐放。

第五，可增加料理的脆度：豬油脂肪分子大，用於烘焙時可增加脆度，相當適合用於製作派皮、餅乾。

豬油並不可怕，但也不該濫用。我們可以挑選無汙染、無添加的天然豬肥肉來自製豬油，而且別忘了多吃蔬果、多補充魚油、保持優質睡眠和運動，以抵消它的缺點，那麼就能同時享受美食與保持健康了！

原載於《自由時報》自由副刊，二〇一五年十二月二十八日

詩

六十二歲的咖啡

渡也

本名陳啟佑，文化大學中國文學博士。曾任國立彰化師大國文系、所專任教授，已於九十五年退休。現為國立中興大學中文系、所兼任教授，及「台灣詩學季刊」社社務委員、南投縣政府文化局諮詢委員。曾兩度獲教育部青年研究著作發明獎，六度獲國科會論文獎助。著有學位論文《遼代之文學背景及其作品》、《唐代山水小品文研究》，及古典文學、現代文學論文集《分析文學》、《花落又關情》、《普遍的象徵》、《渡也論新詩》、《新詩形式設計的美學》、《新詩補給站》、《新詩新探索》等。此外，尚著有新詩集《手套與愛》、《我是一件行李》、《澎湖的夢都張開翅膀》、《諸羅記》及散文集《歷山手記》、兒童詩集《陽光的眼睛》等創作集二十多種。

在星巴克
我把自己倒入咖啡中
星光燦爛
隨著鮮奶浮沉

和咖啡相擁一個下午
好像過了一生
我終於了解

自己太苦
因此，桌上的糖
一直給我甜甜的建議

喝了半杯
唉，四十歲只是幾口而已

最後，剩下一，點，點，咖啡
看來是六十幾歲的樣子
星子也剩下
零點八克

原載於《自由時報》自由副刊，二〇一五年二月十五日

香草冰淇淋天空下

陳克華

一九六一年生於臺灣花蓮，臺北醫學院畢業，美國哈佛醫學院博士後研究員。曾參與「北極星詩社」，並曾任《現代詩》主編。榮總眼科主治醫師；陽明大學、輔仁大學，臺北醫學大學副教授。曾獲中國時報新詩獎、聯合報文學獎詩獎、全國學生文學獎、金鼎獎最佳歌詞獎、中國時報青年百傑獎、陽光詩獎、中國新詩學會「年度傑出詩人獎」、文薈獎等獎項。文字出版有詩集，小說集，散文集等近四十冊，有聲出版則有「凝視（陳克華詩歌吟唱專輯）」（巨禮文化），近年更從事視覺藝術創作，舉辦多次展覽並獲獎，並有日文，德文版詩集出版。

你大口大口吞下
你的飢餓，那時
整個天空泛著因過多紫外線
而呈現金屬質感：

「這個時代嗜甜……」你
同時摸索盛在我身體裡的
一百種甜，像

冰淇淋店陳列的一百種口味
某個特殊的名字呼應著某個特殊的口感——
「但我們只想嘗一下最樸素的香草。」
最接近原始概念的冰淇淋
的甜——但此刻的天空開始溶化
像地球上每一顆冰淇淋也像
地球本身，那時
我們都情人般沉溺於整座天空崩垮下來的巨大的甜
都蒼蠅般
動彈不得。

原載於《自由時報》自由副刊，二〇一五年四月七日

我喜歡，燙——給一杯咖啡

林煥彰

臺灣宜蘭人，一九三九年八月在礁溪桂竹林出生；寫詩、畫畫，並從事兒童文學創作、研究和推廣；二〇〇〇年起，學孔子周遊列國，開始海內外講學。已出版著作，詩、散文、評論、史料、畫冊以及兒童文學等一〇〇餘種。有三十餘首詩和短文，收入臺港澳中國大陸及新加坡中小學語文課本、教材、學測考題等。曾獲中山文藝獎、中華兒童叢書創作金書獎，洪建全、陳伯吹、冰心、宋慶齡兒童文學獎及澳洲建國二百周年現代詩獎章等；現任《兒童文學家》雜誌、《乾坤詩刊》發行人兼總編輯。歷任中華民國兒童文學學會、中國海峽兩岸兒童文學研究會理事長。中華民國筆會會員。

咖啡杯沿，有一定溫潤
給一杯咖啡，也給一份愛；
喝咖啡時，我喜歡
燙，如親吻；不宜太深，
只一小口，唇剛碰到杯沿
就輕啜一下；怕燙傷，
就輕放回淺碟中，恭敬的
再將剛沾唇的那一點點

含在口中，讓香醇的咖啡因
在整個腦海中，
漫漫擴散，迴盪……

不急。我知道
必須有一定敬意，我喜歡
燙嘴，但不能燙傷
不能傷嘴，更不能傷心
只能慢慢，親她的苦，
她的微甘微苦；我會記得
她的好和她的壞，有時
她讓我該睡而不能睡，
有時，她讓我振作
她慢慢降溫，也慢慢變涼
我一樣，不急，不急著喝完她
情未了，不一定情深

情斷不了，不一定深情
慢慢，讓她涼；慢慢，
我在回苦，她在回甘
我含在心裡
微苦微甘微苦……

原載於《中國時報》人間副刊，二〇一五年四月二十九日

饕餮者

鯨向海

一九七六年生，精神科醫師。
著有詩集《通緝犯》、《精神病院》、《大雄》、《犄角》、《A夢》，散文集《沿海岸線徵友》、《銀河系焊接工人》等。

母親總說：一生能開伙的次數
是有限的
他了解小籠包渴望衣不蔽體
明白滷豬腳湯汁依然可掬
卻不希望我去海邊啤酒肚
也不要我在野地上鬆餅

麻糬般蜷縮的假日午後
母親有時簡直女巫

盯著我的臉表示：「你胖了……」
幽幽予致命一擊

母親往往講得油飛煙散
青菜蘿蔔
又糟了一個糕
但他不可能不知情：
我握壽司的手也曾
打了蘋果派的槍

老愛叮嚀：
所有挫折都不會是最後一個
（除了死，我們最後的佛跳牆）
兒子啊有些人只被炸一次
便雞排了一輩子
母親總是令人震驚

母親知道我不會永遠那麼幸運
那些碳烤都是一致的
血色寧靜
追求泡麵跟追求炒飯
卻是不同熱情
那種集體蚵仔煎的優雅
後悔經常也是突然發生的事
冷掉的貢丸湯啊
還好兒子你現在應該是在遼闊的大海之上

母親預言：有一天有人將坐船去找你
彈珠汽水似的笑
互相浪蕩著
到時如果不喜歡棗泥
便喜歡蓮蓉吧
可惜母親不明白——

我是熱鍋巧遇小鮮肉
只要一匙橄欖油微火爆香蒜末
忽然就理直氣壯了啊

身處動不動淋上蜂蜜的黃金聖代
脂肪低調奢華，甜筒險峻矗立
感謝那顆星
像母親
童年偷偷塞給我的糖果
陪伴我無數夜晚
旁逸淡出

一生能開伙的次數
是有限的
最艱難的片刻，才漸漸懂了
（一尾龍蝦

從涼拌沙拉的夢中跳醒）
但願人生真如母親所說：
哎呀，忍不住落淚時
就喝杯木瓜牛奶

原載於《聯合報》聯合副刊，二〇一五年六月十日

府城小吃

林梵

臺灣臺南人，一九五〇年生，本名林瑞明。臺灣大學歷史系研究所碩士，曾任日本立教大學研究員、國家臺灣文學館館長，現任成功大學歷史系、臺灣文學系合聘教授。著有詩集《失落的海》、《流轉》、《未明事件》、《青春山河》、《海與南方》。

味道是頑強的記憶
童年的鄉愁

幼童的我，早上扶著
小腳的阿嬤，緩緩
步行到水仙宮市場
購買魚肉鮮蔬
一攤接過一攤
常常迫不及待，到附近

富盛號吃碗粿
金得春捲吃潤餅
阿嬤捨不得吃，看著
憨孫吃得眉飛色舞
年幼的我，以為理所當然

黃昏，點心時間
嫌阿嬤小腳走得慢
要了錢，自己快步
經小公園，米街到石舂臼
吃米糕、蝦捲、腌腸熟肉
回來必須咬著土豆、蝦仁
張開嘴接受阿嬤檢查
證明確實吃過
沒拿去亂吃零食

啊！年深月久
阿媽早就進塔幾十年
我依然是阿嬤的憨孫
心中幸福常在

原載於《自由時報》自由副刊，二〇一五年七月二十二日

茶席餘味

侯吉諒

他是詩人、畫家，同時擅長書法、篆刻及散文創作。師承文人畫大師江兆申先生。已在臺灣、美國、日本等地舉辦過數十次書畫展。二〇〇四年受邀赴華盛頓展覽，同時應邀至美國國務院、馬里蘭大學演講並示範。多次獲得「時報文學獎」；〈交響詩〉榮獲一九九七「年度詩人獎」，詩作結構上下對應，衍生出多重閱讀方式，產生了深刻的多義性。首創以數學、幾何、物理、力學解析書法觀念於《如何寫書法》；《如何寫楷書》、《如何寫隸書》、《如何寫對聯》系列公開四十多年的書寫秘技。《紙上太極》展現生活書法美學；《石上書法》將寫詩心情、書法功力、繪畫布局，縮小到方寸之間。《如何看懂書法》、《如何欣賞書法》強調書法肩負著文字、文學與文化傳承及心靈寄託，從而理解時代風格對生活文化的影響與意義。

且用不再滾燙的餘溫
再澆淋一次漸涼的壺身
已泡多次的茶葉略顯肥軟
彷彿妳，不再青春的腰身
眼角像魚的尾巴，似乎長了一些
想必游進去了許多歲月的痕跡
大大小小的喜怒與哀樂

妳倒水的手勢依然
初泡時那般敬慎
水在杯中，茶葉從容如花的開放
花瓣般旋轉，漸漸靜止似落葉
妳舉手勻杯
輕輕揮手滑過茶席
如清風拂過江面，遙引山月
眾飲者紛紛取杯，似月色探入江水
妳舉杯、就鼻、閉目
如安坐垂眼的觀音，不看眾生
看自己杯中的茶湯，微微泛白的滋味
如依稀的心情與往事
不再濃墨重筆如山水畫中的斧劈皴法
妳的眉目之間舒展如月下的柳絲
顧盼的風神如煙波水色
橫江如臥，一帶如雲

杯中的茶湯已經清澈如水
但清淡之中有一種回甘
彷彿似有若無的墨色
在潔白的紙上渲染出一層層的遠山
悠然在天地之間，安靜無聲

原載於《聯合報》聯合副刊，二〇一五年九月十八日

小說

秋刀魚之味

田威寧

1979 年生，政大中文所畢。碩士論文為《臺灣「張愛玲現象」中文化場域的互動》。著有散文集《寧視》（臺北：聯經，2014）自 2006 年起在北一女中擔任國文教師。

回家途中經過頗富盛名的平價日式料理店——總大排超長龍，導致我百過其門而不入。但，這次我竟然停好車，走了進去。「需要等嗎？」「一個人？併桌，不用等。」我拿著菜單，對上百種品項相看兩無言。兩分鐘後，我點了烤秋刀魚。只有烤秋刀魚。

九點多了，人們在此宣洩整日的疲倦，桌桌都扯著喉嚨，而桌桌因此只能更扯著喉嚨。白色泛黃且帶著醬漬的兩人座桌面上擺著草綠色的小碗、湯匙與透明袋裝免洗筷。我還沒看完一篇短篇小說，烤秋刀魚便上桌了。在拿起筷子前，我稍稍猶豫了，夾了一口嘗味道後，還是愣了一下。

我不該點烤秋刀魚的。

第一次吃秋刀魚是在十三歲那年。那年家裡發生狀況，我突然輟學，跟著父親與姊姊到臺北賣小吃，維持最基本的開銷。那年遇見的人，和之前與之後的人生所遇見的極不一樣。我記得那家海產店，也記得海產店的那兩對夫妻。

我們的攤位對面是兼賣燒烤與酒品飲料的海產店——雖說是海產店，然而店的頂部與前後左右皆由黃橘色帆布圍成，因此說是「海產攤」更符合實際。

廚師是整家店的靈魂——一位頂著山本頭、蓄著八字鬍的高大男人，無論冷熱晴雨皆穿白色露臂汗衫，小麥色手臂上的龍紋刺青令大人和小孩皆忍不住用最不經意的方式多看一眼，偶爾披件花襯衫在肩頭，鐵灰色西裝褲下是永遠的藍白拖。廚師走路有點外八，但看來再自然不過。當他直直看人時，會令人瞬間想幫他點菸。廚師乍看不修邊幅，但長期觀察便會發現頭髮與鬍子皆經過細心修整，多一釐則太長，少一釐則太短。他總是拿著厚重的黑鐵鍋子與不鏽鋼大圓勺，在我的夢裡卻總被換成盾牌與槍。海產攤門口有個大冰櫃，冰櫃透明的上層擺滿各種魚和蝦，也有螃蟹、鳳螺與被剝了皮的田雞，都被放在一條潔淨的大白巾上，巾下鋪著方方的冰磚。站在冰櫃前，總是拿著黃色菜單與白管原子筆，笑咪咪地介紹海鮮食材與料理方法，長得像日本人的白皙女子，是廚師的妻子。當我知道他們是夫妻時，極失禮地「ㄏㄚˊ」了好大一聲，立刻被父親用眼神責備了——即使父親的嘴角有明顯的笑意。

我們一家在周遭的同行間小有名氣，不過，並非因為食物，而是身分。為避人耳目，我們改用奶奶的姓，各自取了自以為最順口最常見的名字。父親也刻意換了不曾有過的裝扮。我們以為我們活得不引人注意，有一天，海產攤廚師的妻子問我：「你叫威威還是如如？」「你們是姓陳還是姓田？」語出突然，讓我當場愣住，面紅耳赤地拚命想該怎麼回答，卻什麼也說不出來。如今回想起那一幕，我終於了解難怪人家起疑心——我們雖然在自我介紹時用的是假名，但彼此呼喚時卻不假思索地用本來的稱呼。高大帥氣的父親也太引人注意了——即使沒有近視的他刻意戴黑色粗框眼鏡遮住半張臉，還穿軍用衣與軍用靴，動作與說話方式卻仍太斯文有禮了。而且，別的不說，兩個青春期的女孩沒有上學，在九年國民義務教育下，我的年齡就是最大的破綻。「這家人有問題。」附近同行茶餘飯後的話題，卻只有廚師妻當面問我，而且，當然只能是問我——即使什麼都沒說，但我的沉默與慌張已經什麼都說了。

隔天，廚師妻對我招招手，要我和姊姊去店裡，她特別烤了一條秋刀魚，還倒了兩杯有三分之一都是綿密白泡泡的生啤酒。我明白那是她道歉的方式。那條秋刀魚無論在熟度或軟硬都烤得恰到好處，海鹽抹得多一粒則太鹹，少一粒則太淡，秋刀魚靜靜地躺在長方形白塑膠盤上，無論是身體的褐色或背上的黑色都呈現亮眼的光澤，腹部尤其肥美，油油亮亮的，筷子一戳下去，發出微微的「喀滋」聲。「秋刀魚都是我一條條親手從市場挑回來的，我只把最好的選走。」一邊說邊為我們擠上新鮮的檸檬汁。魚腸的部分有微微的苦味，生啤酒也是，她說：「那是大人的味道。」在失去一切的那年，能吃到這樣看似簡單卻相當用心的鹽烤秋刀魚，令人反覆回味。那條秋刀魚成本十元，在菜單上則是四十元。但對當年的我而言：無價。後來，廚師妻常自掏腰包招待我們姊妹吃烤秋刀魚，她總是倒兩杯有綿密泡泡的生啤酒給我們，要我們吃慢一點，然後頗有興味地看著我們。秋刀魚總是被吃到像漫畫裡被貓吃過的魚一樣，只剩一副架子。有一回，我們過去時，桌上放著的是一盤散發味噌香氣的魚片。她說：「寫錯菜單，多烤了這個，你們吃吃看，這是味噌魚。我自己不太喜歡，太甜了。」我知道這魚在菜單上要一百元。她一樣為我們擠上新鮮檸檬汁，並且倒了兩杯芭樂汁過來。但她只請我們吃過那一次，之後還是新鮮肥美淋上現擠檸檬汁的秋刀魚。

廚師妻當時應該是三十幾歲，廚師可能超過四十歲了，兩人沒有孩子，至少我從未看到，也沒聽他們提過。廚師妻帶我們姊妹去她家玩——在海產店步行約十分鐘的老舊矮房子裡，相當隱密，沒人帶很難找到。應是賃居處，客廳很小，有小小舊舊的黑色塑膠皮沙發、小小的鐵架木面方桌、兩把海產攤的橘紅色塑膠圓凳，還有一台舊型的黑色電視機，電視機旁有舊型的蘋果綠按鍵電話。茶几上擺著前夜未清理的茶具組、一本攤開的橫線筆記本，上頭滿滿的各種排列組合的數字，筆記本旁有本 B5 尺寸薄薄的書。那年的我實在是沒書可看，愛看書的我竟興奮地拿起那本書逕自翻了起來，在女主人還來不及阻止我之前，我已經看到裡頭的裸體特寫與描寫性行為的文字了。不識相的我竟然問女主人：「為什麼要買這本書呢？」對方回：「這是大人的書啊！」連一秒的遲疑也沒有。

我們是在超過兩週看到海產攤老闆親自掌廚、老闆娘站在冰櫃前既不流利也不專業地介紹食材後，才發覺不對勁。一問，才知道廚師被解雇了，官方理由是廚師要求加薪，老闆決定乾脆自己來。「啊反正都看那麼久了，差不多就是那樣了。」周遭的同行開始流傳關於廚師夫妻的耳語，我一句都不願意相信。

廚師夫妻沒有向我說再見就消失了。我再也沒有見過他們。

我們和海產攤老闆夫妻一家也成了朋友，海產攤老闆夫婦有個幼稚園大班，大圓眼睛、深酒窩、鬼點子一堆的漂亮女兒，和快兩歲還不會講話、鬥雞眼、憨厚、慢吞吞的小男孩。我和姊姊常成為小保母，陪著兩個小孩在他們家玩遊戲與看電視。不過，老闆夫婦從未請我們吃過任何東西，我們買炒麵時也沒有任何折扣。

沒有大廚的海產攤，生意大不如前，較高級的食材乏人問津，生魚片和各種海鮮越來越不新鮮，而食材越不新鮮，就越沒人會點，如此陷入惡性循環。我注意到連本來經濟實惠「要吃請早」的鹽烤秋刀魚都很少人點了，因為老闆娘不會挑秋刀魚與檸檬——她買回來的魚眼睛不明亮，肚子不大，檸檬則皮厚汁少，烤出來的色澤也毫不誘人。少了廚師夫妻的海產攤，變成一家以炒麵炒飯與醃蛤仔、醃鳳螺等小菜為主的小吃店。少了海鮮與燒烤，生啤酒不好賣，後來連生啤酒都不叫了，只賣瓶裝臺灣啤酒和綠洲芭樂汁與柳橙汁。

廚師夫妻消失之後，我就再也沒有吃過烤秋刀魚了。隔了廿多年，我下意識地為自己點了條烤秋刀魚；只是，滋味當然完全不復舊時的了。眼前的這條秋刀魚，乾癟，不油亮，苦味重，檸檬片切得相當隨便。我才夾了兩口，便放下筷子，起身盛免費提供的味噌湯。我不該點烤秋刀魚的。

踏出店門口時，突然下起雨，我在雨中騎單車回家——這次沒有猶豫，也沒有停留。雨總是這樣突然地下了，誰都有雨天沒帶傘的時候。而我也早已明白什麼叫作「大人的味道」。

原載於《聯合報》聯合副刊，二〇一五年四月三十日

唐僧肉

駱以軍

1967 年 3 月 29 日生於臺北。祖籍安徽無為，畢業於文化大學中文系文藝創作組，國立臺北藝術大學戲劇研究所。著有：《西夏旅館》、《女兒》、《遣悲懷》、《月球姓氏》、《我未來次子關於我的回憶》……等。

感覺我們一路運送的，是一冰櫃車最高級的鵝肝，或是一整兜松露，一條黑鮪魚，或是一頭餵食啤酒，享受按摩，切開後油花鮮美、霜降肌理的神戶牛；或是號稱「世界最好吃的」伊比利豬……。但我們護送的，是個和尚啊，還不是普通和尚，他是唐僧啊。可這一路沙塵漫漫，荒山野嶺，全部的妖怪，各有來頭，本事，他們唯一的目標：就是劫了師父去，各顯廚藝，好好烹食了他。說來這些妖怪真是些吃貨，感覺風聲傳開，他們等著等著，就是等著那超級鮮美，吃一口淚流滿面，不枉此生，像可以把自己舌頭也吞下去的，唐僧肉啊。我有時在夢中也會發饞，師父的肉真那麼香？讓這些妖精，寧肯冒著最後被大師兄一棒打成肉醬，或被各方神佛收回去做打雜苦役，好好快活日子不過，就為了貪那麼一口。這是真正的饕客魂啊！聽說就純用蒸的，蒸到皮開肉爛，那個鮮嫩！

不用加任何香料，沾點岩鹽即可。好像靠近天竺之境，那兒等著的妖怪，會料理成咖哩鍋，另有一些突厥人好像會作成沙威瑪，那可真是糟蹋我們風塵僕僕，護送師父這一身好肉。

有一次我們困在一個山窪裡，鬼打牆，困了好幾天走不出去，我們都餓到眼睛冒煙了。那次大師兄恰又和師父鬥氣，撇下我們自個飛回花果山了。師父慈悲，說八戒啊，古代也有割股療親的，不如徒兒們，為師的割下一小塊臀肉，煮碗肉湯，你們吃了，也比較有體力。我和沙和尚自然都嚇壞了，誰敢啊，但你們知道我師父是個固執的傢伙，那是命令，而非商量。我們只好流著淚，把師父割下的一小條股肉，生火煮了碗肉湯。我不騙你，我是這世界真正吃過（哪怕只是一小口）唐僧肉的人，那入口即化，簡直就像海洛英鑽進你腦額葉，那個幸福，那個香啊。我好像旋轉倒回成縮在母親奶兜前的小豬崽，忘記所有語言和法術，只想純真的拱拱拱叫。師弟為難也嚐了一口，眼淚鼻涕就流得滿臉，實在這肉啊，讓人舌蕾才觸碰到，那西天極樂之景，那仙境曼妙幻麗的天女，一點吸引力都沒啦。連師父也好奇嚐了口（忘了自己喫素），嘖嘖說：「啊，香，真香。想不到我自己的肉這麼好吃。」

後來大師兄也回來了，我們又上路了。像什麼事都沒發生過一樣。但是在這接下來的路程，我變成不是原來的那個我了。一種陰暗和罪惡感像小苗在我心中不時抽長。我腦海裡出現各式各樣的蒸屜，砂鍋，烤肉架，甚至醃肉用的陶甕……，各種關於「唐僧肉」的料理方式：粉蒸的，窯烤的，五分熟只煎上下兩面，或做成火腿或風硝肉？還是用嫩筍煨爛它，或就最民間用滷的？我覺得我比發情的少年還要走火入魔，每每走在後頭，看著師父的屁股被白馬駝著，一晃一晃，就猛呑口水。真希望大師兄再和師父吵一架，又跑走，我們又迷路，那師父會不會再割另一邊的股肉，大家打打牙祭？

後來到了靈山，在那淩雲渡有船夫撐來艘無底船，我們上了船，只見上溜頭漂下一個死屍，那梢公說恭喜，想是我們脱去凡胎，從此算成佛入聖了。但我看著那順水流下的師父的肉身，真想跳入水中將它搶回。那可是最頂級的整副唐僧肉全席的食材啊。

原載於《中國時報》人間副刊，二〇一五年八月五日

二魚文化　人文工程　E051

2015 飲食文選　*Best Taiwanese Food Writing 2015*

主　　編　焦　桐、洪珊慧
責任編輯　鄭雪如
封面設計　朱　疋
題　　字　李蕭錕
行銷企劃　溫若涵、周晉夷、郭正寧
讀者服務　詹淑真

出 版 者　二魚文化事業有限公司
發 行 人　葉　珊
地址　106 臺北市大安區新生南路二段 2 號 6 樓
網址　www.2-fishes.com
電話　(02)23515288
傳真　(02)23518061
郵政劃撥帳號　19625599
劃撥戶名　二魚文化事業有限公司
法律顧問　林鈺雄律師事務所

總 經 銷　黎銘圖書有限公司
電話　(02)89902588
傳真　(02)22901658

製版印刷　彩達印刷有限公司
初版一刷　二〇一六年三月
I S B N　978-986-5813-76-5
定　　價　三二〇元

題字篆印　李蕭錕

國家圖書館出版品預行編目（CIP）資料

飲食文選. 2015 / 焦桐, 洪珊慧主編.
-- 初版. -- 臺北市：二魚文化, 2016.03
288面；14.8×21公分（人文工程；E051）

ISBN 978-986-5813-76-5（平裝）

1. 飲食　2. 文化　3. 文集

538.707　　105002276

二魚文化